Q&A
事業性融資推進法
と融資実務のポイント
―企業価値担保権

弁護士法人中央総合法律事務所

弁護士 **冨川 諒** 著

ビジネス教育出版社

はしがき

　令和6年6月7日、「事業性融資の推進等に関する法律」が成立しました。同法には、事業者が、不動産担保や経営者保証等によらず、事業の実態や将来性に着目した融資を受けやすくなるための制度として、企業価値担保権等が規定されています。

　金融庁に設置された「事業者を支える融資・再生実務のあり方に関する研究会」や「事業性に着目した融資実務を支える制度のあり方等に関するワーキング・グループ」において、企業価値担保権は、「事業成長担保権」という名称で議論が行われていました。事業成長に資する制度を作りたいという担当者の願いが溢れ出る名称であり、その趣旨目的には、多くの関係者が賛同していたことと思います。

　他方で、のれんを含む総財産を担保の目的とするというインパクトは強く、具体的な制度設計では、商取引先や労働者の保護を含め、様々な意見が寄せられていました。また、担保価値の評価やモニタリングの手法など、実務上の課題も指摘されています。

　著者としては、企業価値担保権は事業性融資や伴走型支援との親和性が極めて高く、これを適切に活用することができれば、スタートアップや事業承継、事業再生などの様々な局面で資金調達の途を開くことができるものと信じています。こうした融資実務の確立を後押ししたいとの願いを込めて、本書では、企業価値担保権の制度内容を解説するのみならず、その立法経緯や立法趣旨、関係者から寄せられた意見、金融実務に与える影響にも検討を加えました。

　金融機関や事業者を含む多くの方に本書を手に取っていただき、企業価値担保権の制度や趣旨が広く浸透し、企業価値担保権が融資における一つの選択肢として定着すれば幸いです。

本書の刊行にご尽力いただいた株式会社ビジネス教育出版社の山下
日出之氏に対し、心より感謝申し上げます。

　令和6年9月

弁護士　冨川　諒

目　次

1. 「事業性融資の推進等に関する法律」成立に至るまでの経緯を教えてください………9

2. 企業価値担保権が創設された理由を教えてください。既存の融資再生実務にどのような課題があったのでしょうか………11

3. 企業価値担保権の導入により、融資再生実務はどのように改善することが期待されるのでしょうか………15

4. 既存の類似制度とその課題を教えてください………18

5. 企業価値担保権と既存の実務との関係を教えてください………21

6. 企業価値担保権は総財産を目的とする担保権ですが、濫用リスクや過剰担保の懸念はないのでしょうか………22

7. 企業価値担保権が設定された場合、商取引先や労働者の保護は図られるのでしょうか………25

8. 企業価値担保権の担保価値を評価することは可能なのでしょうか………27

9. 企業価値担保権を活用する場合、モニタリングコストが高くなってしまい、コストとリターンが見合わないのではないでしょうか………28

10. 事業者が破産した場合には、企業価値担保権の保全としての機能が失われるのではないでしょうか………29

11. 企業価値担保権を活用した融資は、無担保融資とどのような違いがあるのでしょうか………31

12. 企業価値担保権と株式担保とは、どのような違いがあるのでしょうか………32

13. 企業価値担保権の導入にあたり、金融機関や事業者はどのような点に留意する必要があるのでしょうか………34

14. 企業価値担保権の概要を教えてください………38

15. どのような事業者が企業価値担保権を設定することができるのでしょうか………40

16. 企業価値担保権信託契約について教えてください ⋯⋯⋯⋯⋯⋯ 41

17. 企業価値担保権信託会社について教えてください ⋯⋯⋯⋯⋯⋯ 44

18. 極度額を設定する必要はあるのでしょうか ⋯⋯⋯⋯⋯⋯⋯⋯⋯ 53

19. 企業価値担保権の設定において必要な機関決定を教えてください⋯⋯ 56

20. 企業価値担保権が設定されている場合、担保目的財産について個別に担保権を取得・実行することはできるのでしょうか ⋯⋯⋯⋯⋯ 58

21. 企業価値担保権を設定した場合、経営者保証はどのように制限されるのでしょうか ⋯⋯⋯⋯⋯⋯⋯⋯⋯⋯⋯⋯⋯⋯⋯⋯⋯⋯⋯⋯ 60

22. 物上保証は認められないのでしょうか ⋯⋯⋯⋯⋯⋯⋯⋯⋯⋯⋯ 63

23. 企業価値担保権の公示制度及び他の担保権との優先関係（対抗関係）について教えてください ⋯⋯⋯⋯⋯⋯⋯⋯⋯⋯⋯⋯⋯⋯⋯⋯ 65

24. 他の債権者が企業価値担保権の担保目的財産に対し強制執行等を行った場合、企業価値担保権はどのように扱われるのでしょうか ⋯⋯ 68

25. 設定者は担保目的財産を自由に処分することができるのでしょうか ⋯⋯⋯⋯⋯⋯⋯⋯⋯⋯⋯⋯⋯⋯⋯⋯⋯⋯⋯⋯⋯⋯⋯⋯⋯⋯⋯ 70

26. 被担保債権の範囲を教えてください ⋯⋯⋯⋯⋯⋯⋯⋯⋯⋯⋯⋯ 73

27. 特定被担保債権者又は債務者に合併又は会社分割があった場合、企業価値担保権はどのように取り扱われるのでしょうか ⋯⋯⋯⋯⋯ 75

28. 特定被担保債権の元本はどのような場合に確定するのでしょうか⋯⋯ 78

29. 企業価値担保権はどのような場合に消滅するのでしょうか ⋯⋯⋯ 80

30. 実行手続の概要を教えてください ⋯⋯⋯⋯⋯⋯⋯⋯⋯⋯⋯⋯⋯ 81

31. 執行事件の管轄を教えてください ⋯⋯⋯⋯⋯⋯⋯⋯⋯⋯⋯⋯⋯ 82

32. 実行手続開始の申立ての手続を教えてください ⋯⋯⋯⋯⋯⋯⋯ 84

33. 実行手続開始の決定とこれに伴う効果について教えてください ⋯⋯ 86

34. 管財人の選任や職務について教えてください ⋯⋯⋯⋯⋯⋯⋯⋯ 98

35. 共益債権について教えてください ⋯⋯⋯⋯⋯⋯⋯⋯⋯⋯⋯⋯ 101

36. 実行手続において、労働債権はどのように保護されているのでしょ

うか ··········· 105

37. 担保目的財産の換価の方法や手続を教えてください ········· 107

38. 債権調査・確定手続について教えてください ········· 111

39. 配当手続について教えてください ········· 119

40. 実行手続はどのような場合に終了するのでしょうか ········· 128

41. 企業価値担保権の倒産手続上の取扱いを教えてください ········· 131

42. 認定事業性融資推進支援機関について教えてください ········· 138

〈参考資料〉事業性融資の推進等に関する法律（抜粋）········· 141

凡例 （脚注中の略称）

「論点整理 2.0」 事業者を支える融資・再生実務のあり方に関する
研究会 論点整理 2.0（令和 3 年 11 月 30 日）

「WG 報告書」 金融審議会 事業性に着目した融資実務を支える制度
のあり方等に関するワーキング・グループ 報告（令和 5 年 2 月 10 日）

Q1 「事業性融資の推進等に関する法律」成立に至るまでの経緯を教えてください。

A

明治民法施行から約130年間を経て、国内外の経済環境は大きく変化しました。海外では、事業全体に担保権を設定し、事業の継続や発展に資する資金を調達する実務も発展しています。日本でも、不動産や経営者保証に過度に依存しない融資実務の発展に向け、事業性融資や伴走型支援に注力する金融機関も増加傾向にあります。しかしながら、事業全体に対する担保権が認められないという制度的制約もあり、こうした実務が確立されているとは言い難いとの指摘もあります。

こうした現状を打破すべく、金融庁は、のれんを含む総財産を目的とする担保権の導入を提案し、「事業者を支える融資・再生実務のあり方に関する研究会」が金融庁に設置されました。同研究会では、事業者の資金調達の選択肢を広げることができるような担保権の導入可能性を含め、日本でのあるべき融資と再生実務が議論されており、令和2年12月に「論点整理」、令和3年11月に「論点整理2.0」が公表されました。

令和4年6月に閣議決定された「新しい資本主義のグランドデザイン及び実行計画〜人・技術・スタートアップへの投資の実現〜」では、「事業性融資への本格的かつ大胆な転換」として、「金融機関には、不動産担保等によらず、事業価値やその将来性といった事業そのものを評価し、融資することが求められる。スタートアップ等が事業全体を担保に金融機関から成長資金を調達できる制度を創設するため、関連法案を早期に国会に提出することを目指す」という方針が示されまし

9

た。

　令和4年9月に開催された金融審議会総会では、金融担当大臣から、「事業性に着目した融資を促進するための制度や実務のあり方に関する検討」として、「スタートアップや事業承継・再生企業等への円滑な資金供給を促す観点から、事業性に着目した融資実務のあり方も視野に入れつつ、事業全体を担保に金融機関から成長資金等を調達できる制度について検討を行うこと」との諮問がなされました。「事業性に着目した融資実務を支える制度のあり方等に関するワーキング・グループ」では、同年11月から令和5年2月まで討議がされ、同月10日、WG報告書が公表されました。

　令和5年6月に閣議決定された「経済財政運営と改革の基本方針2023」（骨太方針）では、「企業のノウハウや顧客基盤等の知財・無形資産を含む事業全体を担保に資金調達できる法制度（「事業成長担保権」）を検討し、早期の法案提出を目指す」との方針が示され、同年12月に閣議決定された「事業性に着目した融資の推進に関する業務の基本方針」では、骨太方針を踏まえ、「事業性融資推進法案（仮称）について令和6年通常国会に提出することを目指す」との方針が示されました。

　その後、「事業成長担保権」は「企業価値担保権」へと名称を変え、令和6年3月15日、「事業性融資の推進等に関する法律」案が国会に提出され、同年6月7日、「事業性融資の推進等に関する法律」（以下「本法」といいます。）が成立しました。本法は、公布の日から起算して2年6月を超えない範囲内において政令で定める日から施行することとされています。

Q2

企業価値担保権が創設された理由を教えてください。既存の融資再生実務にどのような課題があったのでしょうか。

A

(1) 融資時の課題

ア　かつては、工場機械などの有形資産を価値の源泉とする繊維工業や重化学工業等が日本経済の中心であり、まさに右肩上がりの経済成長が続いていました。

　もっとも、現在では、第三次産業の増加やビジネスモデルの多様化が進み、事業の将来性を予測することが難しくなり、また、ノウハウや顧客基盤などの無形の価値の重要性が高まっています。経済状況も不安定な中、金融機関が多様化する事業を理解し将来性を見極めて融資することは容易ではありません。

　日本の金融機関は、こうした難しい環境の中でも、事業性評価に基づく融資や伴走型支援など、事業者を支えるための融資や支援を進めてきました。事業の実態や将来性を的確に理解することが難しい場合でも、不動産などの有形資産担保での保全や融資額の小口化等を通じて、リスクを抑えて融資を実行する例も見られるところです。

　しかしながら、貸倒れリスクの低い事業者に対する融資に集中しがちであり、一定のリスクのある事業者に対しては融資がされにくいとも指摘されています。

イ　例えば、スタートアップ企業では、エクイティによる資金調達が

11

一般的となっています。もっとも、ベンチャーキャピタルにも1案件あたりの投資上限があり、必ずしも全ての資金をエクイティにより調達できるとは限りません。また、全ての資金をエクイティで調達できたとしても、持分の希薄化などのデメリットがあります。そのため、スタートアップ企業からは、融資での資金調達を望む声も多く聞かれるところです。

　他方で、スタートアップ企業は業績が安定しているとは言い難く、金融機関としても、多様で複雑な事業者のビジネスモデルや実態そして将来性を的確に理解することは容易ではありません。スタートアップ向け融資に注力する金融機関も一定数存在するものの、有形資産を持たない事業者に経営者保証をなくして融資を実行することが難しい場面も多くみられます。

　また、経営者の高齢化が進む我が国において、円滑な事業承継への対応は喫緊の課題です。もっとも、金融機関は、事業の理解にコストをかけるよりも事業承継先の資力に応じた与信判断になりがちで、経営者保証を徴求する実務が一般的でした。こうした実務は、円滑な事業承継を阻害する大きな要因であると指摘されています。

　近年、「経営者保証に関するガイドライン」の特則の公表や監督指針の改正、金融機関によるKPI（新規融資に占める経営者保証に依存しない融資の割合、事業承継時の保証徴求対応に係る4類型の件数割合）の公表などを通じて、新規融資時や事業承継時に経営者保証を徴求しない実務に向けた動きが進んでいますが、いまだ確立した実務慣行になっているとは言い難い状況です。高い技術力や優れたビジネスモデルを有する事業者であっても、不動産担保や経営者保証をなくして必要な資金を融資することが難しい場面も多くみられます。

(2) 期中管理の課題

　金融機関は、本来、事業者の財務状況を的確に把握し財務上の問題を早期に検知するとともに、財務上の問題が検知された場合には、迅速に経営改善支援を行うことが求められます。

　もっとも、事業者から財務状況に関する情報が適切に提供されなければ、金融機関が事業者の実態を把握することは困難です。特に、日本の中小企業の場合、会計情報の外部監査がないことや、取引口座が複数の金融機関に分散していることなどから、金融機関が外部から正確な情報を把握することが難しい構造にあります[1]。

　金融機関が事業を的確に理解するためには、事業者と緊密にコミュニケーションを図ることが重要ですが、有形資産を担保にとって融資している場合、事業者が破綻したとしても、金融機関は担保権実行による債権回収が可能であるため、コストをかけて事業の実態を把握し支援するインセンティブを持ちにくくなります。そのため、現行の制度では、金融機関と事業者の関係性が希薄になり、金融機関が事業者の財務状況の悪化を早期に検知し支援することが難しい構造にあると指摘されています。

(3)再生局面の課題

　事業の再生可能性があったとしても、収益性が改善するまでの当面の運転資金がなければ、事業再生は困難です。金融機関にとっても、当面の運転資金を融資し事業価値を回復させる方が債権回収に資するはずですが、貸倒れによる善管注意義務違反のリスクを負うこともあり、事業を的確に理解する金融機関でなければ、融資が難しい状況に

1　「論点整理2.0」5頁

あります。

　仮に事業を的確に理解する金融機関が存在したとしても、小口分散型の融資が定着している日本では、多数の金融機関が異なる条件で融資をしているため、利害関係の調整に時間がかかりやすい傾向にあります。利害関係を調整している間にも事業価値の毀損が進み、結局事業再生が困難になる場合が多いとの指摘もあります。

　また、法的整理に移行した場合には、レピュテーションリスクも無視できません。法的整理に移行したこと自体が信用悪化の徴表であるとして、取引先が取引継続を応諾せず、結局事業再生を断念せざるを得ないケースもあります。

Q3 企業価値担保権の導入により、融資再生実務はどのように改善することが期待されるのでしょうか。

A

(1) 融資における改善可能性

　企業価値担保権は、事業者の技術力やブランド力といった無形資産を含む事業全体を担保の目的とするため、有形資産を持たない事業者に対しても、事業価値や事業の将来性に着目した融資を行いやすくなります。スタートアップ企業に対して、融資とエクイティを組み合わせ、貸倒れリスクを軽減して成長資金の需要に応えることも考えられます[2]。

　また、企業価値担保権は、経営の規律付けの観点から、経営者保証に代替する役割を果たすことも期待されます。

　個別資産に対する担保権の実行は、事業の解体に直結する可能性があります。金融機関としては、事業の再生可能性があるにもかかわらず担保権を実行してしまうと、事業を解体させたというレピュテーションリスクを負うことになるため、事業の清算局面を除き、担保権の実行を躊躇する傾向にあります。経営者からみれば、事業が継続している限り担保権が実行されるリスクが低いことになるため、個別資産に対する担保権は経営の規律付けという機能に乏しいといえます。

2　例えば、「WG報告書」38頁では、シリーズAの後で数億円程度の調達をしようとするまだ黒字化していないスタートアップでの利用が想定されると指摘されています。

他方、企業価値担保権の実行は、事業の維持・継続が念頭に置かれています。事業の再生可能性が認められる段階での担保権実行は合理的な選択肢の一つであり、金融機関のレピュテーションリスクは相対的に低くなります。経営者は、事業継続中であっても担保権が実行される可能性があるため、事業価値の維持・向上により強いインセンティブを有することになります。そのため、企業価値担保権は、個別資産に対する担保権に比べ、経営の規律付けとしても機能が大きいと評価できます。

　本法では、企業価値担保権が設定された場合、粉飾決算等がなされた場合を除き、経営者保証の実行が制限されています。企業価値担保権の活用などを通じて、スタートアップ企業や事業承継を検討している事業者を含め、経営者保証に依存しない融資実務の定着が期待されます。

(2) 期中管理の改善可能性

　企業価値担保権を活用した場合、事業価値と担保価値が連動することから、金融機関としては、事業価値や事業の将来性に強い関心を持ちやすくなり、資金使途や財務状況、事業計画との乖離を含む事業の実態を継続的に把握することのインセンティブが高まります。また、事業者としても、事業を深く理解する金融機関から適時適切に支援を受けやすくなるため、金融機関の実態把握に協力するインセンティブが高まります。

　このように、企業価値担保権の活用を通じて、金融機関と事業者が事業価値の維持・向上という共通の目線を持ち、より緊密な関係を持ちやすい構造が生まれます。金融機関が、事業者の財務状況を正確に把握することで、事業者の財務状況悪化の端緒を機敏に察知し、早期かつ的確に経営改善を支援することも期待されます。

⑶ 再生局面の改善可能性

　金融機関は、平時から事業者と緊密なコミュニケーションをとり、事業を的確に理解していることが想定されますので、仮に事業者の財務状況が悪化したとしても、事業の実態や将来性を踏まえ、収益性が改善するまでの当面の運転資金等を融資しやすくなると考えられます。

　また、企業価値担保権が設定されている場合、実務的には、多数の金融機関が異なる条件で融資を行うことは想定し難く、複雑な利害調整を必要としない場合が多いと考えられます。仮に複数の金融機関が存在する場合でも、事業を的確に理解する金融機関が利害調整を主導することで、適切かつ迅速な支援が実現する可能性が高まります。

　企業価値担保権の実行手続は、事業継続を前提としており、事業を支える商取引先や労働者を保護する仕組みとなっています。そのため、仮に担保権の実行に至ったとしても、レピュテーションリスクを軽減しつつ、商取引先や労働者の協力を得た上で、第三者のもとで事業継続を図ることが期待されます。

Q4 既存の類似制度とその課題を教えてください。

A

(1) 財団抵当制度と企業担保権

　企業価値担保権は、のれんを含む設定者の事業価値全体を担保の目的とする点に特徴がありますが、これまでも、事業資産を有機的一体のものとして把握しようとする担保制度はありました。

　例えば、明治38年に制定された工場抵当法などの財団抵当制度（現在では、工場財団、鉱業財団、漁業財団、港湾運送事業財団、道路交通事業財団、観光施設財団、鉄道財団、軌道財団、運河財団の9種類が認められています。）は、土地と建物と機械器具その他の物的設備や工業所有権などをもって1個の財団を組成し、抵当権の目的とする制度です。

　この制度は、民法に規定されている約定担保権では、事業資産全体を一体のものとして担保権の対象とすることができない、あるいは担保権が個別に実行されることで事業資産が切り離され事業が解体されるおそれがある、といった問題を克服しようとするもので、実際、企業金融の促進に大きな役割を果たしたとの評価もされています。

　しかしながら、利用することができる事業が限定されている、財団を組成することができる財産が物的設備と物権的権利に限定されている、財団目録の作成・変更や登記が煩雑である、との問題が指摘されており、活用場面は限定的です。

　また、昭和33年に制定された企業担保法は、「株式会社の総財産」を担保の目的とする新たな担保権として、企業担保権を定めています。

企業担保法制定の趣旨は、財団抵当制度の煩雑な手続と多額の費用を要する欠点を除去するとともに、簡易にして合理的な担保制度を創設することにあるとされています[3]。

　もっとも、のれんのような事実上の利益が「総財産」に含まれるかどうかは見解が分かれており、否定的な見解も多くみられます。また、被担保債権が社債に限定されており活用可能な場面が少ないことや企業担保権の設定後に個別財産に設定された担保権に劣後するなどその効力も弱いことから、現在は活用されていません。

(2) ABL

　ABL（Asset Based Lending）は、個別資産に対する担保権（動産・債権譲渡担保）を用いて、在庫と売掛金と預金の事業サイクルを担保として活用する金融手法です。事業者の事業性評価を前提として、事業キャッシュフローの把握を意図する点で、企業価値担保権と類似するといえます。

　もっとも、ABLでは、事業者の保有する売掛債権や在庫の評価額が貸付可能額の上限として想定されており、キャッシュフローレンディングが想定される企業価値担保権とは異なります。また、具体的に把握している担保価値は、あくまで個別資産（動産・債権）の交換価値ですので、仮に任意に事業譲渡を行ったり担保権を実行したとしても、譲渡対価から優先弁済を得られるのは個別資産の換価価値が上限となり、いわゆるのれん部分から優先弁済を受けることはできません。

3　「企業担保法の逐条解説(1)」金融法務事情 172 号 280 頁［香川保一］

⑶ セキュリティトラスト

　セキュリティトラストとは、被担保債権と担保権を切り離し、債権者以外の者（受託者）が担保権を管理する仕組みです。日本では、伝統的に、担保権者は被担保債権の債権者に限定されるとの見解が有力であり、担保付社債（担保付社債信託法）のみが法律上の例外として認められていましたが、平成18年に信託法が改正され、貸付債権についても、一般の信託を用いて債権者以外の者が担保権を管理することが可能となりました。

　セキュリティトラストでは、被担保債権が譲渡された場合でも担保権者は受託者のままであるため、担保権移転のための登記手続が不要になるなどのメリットがあります。

　もっとも、担保権者と債権者が乖離することに伴い両者の一致を前提とする法律（民法、民事執行法、破産法等）について解釈上の論点が生じることや、信託会社の関与が前提となるため信託報酬等のコストが嵩むことなどの課題があり、広くは活用されていないとの指摘もあります。

Q5 企業価値担保権と既存の実務との関係を教えてください。

A

　企業価値担保権の導入可能性が検討された当初、既存の実務の変更を求められるのではないか、実務に大きな混乱を及ぼすのではないか、との懸念が示されていました。

　しかしながら、無担保あるいは不動産等の有形資産担保を用いて必要な資金を調達できている事業者にとっては、わざわざ企業価値担保権を利用するメリットが乏しいといえます。また、金融機関のリソース等の問題もあり、全ての融資先について企業価値担保権を活用することは現実的ではないでしょう。

　金融庁が繰り返し発信しているように、企業価値担保権は既存の実務を否定するものではなく、既存の制度や融資実務のもとでは資金調達が困難であった事業者が、事業の将来性等に基づき資金調達するための新たな選択肢として位置付けられます。

Q6 企業価値担保権は総財産を目的とする担保権ですが、濫用リスクや過剰担保の懸念はないのでしょうか。

A

(1) 濫用リスクについて

　企業価値担保権は、事業を一体のものとして担保の目的とするその特徴から、悪質な貸し手による濫用のリスクが指摘されていました。こうした濫用リスクは、総財産を担保の目的物とする企業担保法の立法時にも議論されていたようです。

　もっとも、従来の法制下でも、株式や重要な事業資産に担保権を設定し、事業に不当な影響を及ぼすことは可能です。濫用リスクは、企業価値担保権固有の問題ではなく、担保法制に内在する問題であるといえるでしょう。事業の不当な支配や乗っ取りを防止することはもちろん重要ですが、これを企業価値担保権固有の問題と捉え、その活用場面を過度に狭めることは、事業の成長と発展を阻害しかねません。

　本法では、与信者（被担保債権者）を限定しないことで企業価値担保権の活用の幅を広げる一方で、「企業価値担保権信託会社」を創設し担保権者に業規制を及ぼすことで濫用の懸念が払拭されています。企業価値担保権が、金融機関と事業者、労働者や商取引先を含む関係者にとって有益であることが理解され、融資における一つの選択肢として定着することが期待されます。

(2) 過剰担保について

　企業価値担保権の設定を受けて融資を行う場合、融資額が担保価値

や事業価値を大きく下回る場面も想定されることから、過剰担保となるおそれがあるとの懸念も示されています。

　まず、過剰担保かどうかは個別資産に対する担保を積み上げたときにも生じる問題ですので、企業価値担保権固有の問題とはいえません。

　また、過剰担保の問題を検討するにあたっては、本来の企業金融のあり方に立ち返ることも必要です。企業金融では、担保価値の範囲内での融資ではなく、事業の成長のために必要かつ十分な融資が求められます。過剰な資金を得た事業者が、リスクの高い別事業に資金を投入したところ、別事業で失敗してしまい、本来の事業にも悪影響が生じたといった事例にも見られるように、融資額が多ければよいというものではありません。

　個別資産に対する担保権では、個別資産の価値が事業価値と直接連動しないため、金融機関の関心は事業価値ではなく担保価値の範囲内かどうかに向かいやすい構造にあります。他方、企業価値担保権では、事業価値と担保価値が直接連動するため、金融機関の関心は事業価値そのものに向きやすくなります。企業価値担保権では、担保価値の範囲内での融資かではなく、事業の成長に必要かつ十分な融資かが問われるのであり、担保価値を基準に融資額の多寡を判断することには馴染まないといえるでしょう[4,5]。

4　事業価値や事業の将来性の評価は一義的ではありませんので、事業者が事業の発展のために追加融資が必要であると考えても、取引金融機関から追加融資を受けることができないとのケースも想定されます。まずは双方のコミュニケーションが重要であり、事業者としては、追加融資の必要性について具体的な根拠をもって説明すること、金融機関としては、当該根拠を引き出す努力をすることがそれぞれ求められます。このようなコミュニケーションを経てもなお目線が合わない場合、事業者としては、事業の将来性等について目線の合う金融機関を探し、追加融資を受ける、あるいは借換えをすることを望むと考え

23

られます。本法では、債務者による極度額の設定請求、商業登記簿による公示、後順位の企業価値担保権設定の許容や債務者による元本確定請求等を通じて、追加融資や借換えをしやすい環境整備を図っているものと考えられます。

5　米国において全資産を担保に取る場合としては、①最初に融資をするときと、②業績が悪くなったときが挙げられるところ、①の場合、第2順位がいたとしても全員が合意するため過剰担保の問題は生じず、②の場合、企業価値を評価しても第1順位すら担保不足となっており過剰担保となることはなく、したがって、米国では、全資産を担保とした場合であっても、過剰担保の問題は生じないとの指摘もあります（「令和元年度　中小企業契約実態調査等事業報告書」（令和2年3月、公益社団法人商事法務研究会））。

Q7

企業価値担保権が設定された場合、商取引先や労働者の保護は図られるのでしょうか。

A

　企業価値担保権の担保目的財産が総財産であることから、担保権が実行された場合には、商取引先や労働者が保護されないのではないかとの懸念も示されていました。

　企業価値担保権の目的が、価値ある事業者を支えその成長を支援するものである以上、事業を支える商取引先や労働者の地位が不安定になってしまっては、本末転倒と言わざるを得ません。そのため、企業価値担保権の導入可能性が検討された当初から、商取引先や労働者の地位を保護することは大前提で、どのような枠組みで保護すれば、事業の成長により資するのかという議論がされていました[6]。

　本法では、実行手続において、事業価値を毀損することがないよう、事業継続に不可欠な費用（商取引債権・労働債権等）について優先的に弁済することができる仕組みを設けることで、商取引先や労働者の保護が図られています。

6　例えば、「論点整理2.0」62頁以下では、商取引債権や労働債権を保護する規律として、①個別の事案ごとに優先する債権を判断し、随時弁済するべきとする考え方、②事前にルールを設け、民事実体法において政策的に優先権が与えられている先取特権が認められた債権について随時弁済するべきとする考え方、③事前のルールを設け、民事実体法上の先取特権にかかわらず、政策的に一定の範囲の債権について随時弁済する規律を新たに設けるべきとする考え方が示されています。

25

なお、現在の法制下でも、商取引先や労働者は、担保権が設定された個別資産から優先的に回収することができないため、十分な保護が図られているとは言い難い状況です。そのため、企業価値担保権が設定されている方が、商取引先や労働者の保護により資すると評価できると思われます。

Q8 企業価値担保権の担保価値を評価することは可能なのでしょうか。

A

　企業価値担保権の担保価値である事業価値は絶えず変化しますので、不動産のような個別資産に対する担保権とは異なり、担保価値を評価することは必ずしも容易ではありません。企業価値担保権がうまく機能するためには、金融機関に事業価値を適切に評価することができる人材を育成するノウハウを蓄積する必要があります。

　しかしながら、事業価値の評価は何も新しい分野というわけではありません。実務的にも、M＆A取引や投資業務等を通じて、事業価値の評価方法はある程度確立しているものと思われます。例えば、事業承継等を支援するためにM＆A取引を専門的に取り扱う部署を設けている金融機関は一定数存在します。また、令和3年銀行法等改正による業務範囲・出資規制の緩和に伴い、地域銀行においても、投資専門子会社の設立が相次いでおり、投資業務を担う人材育成を目的とした他社への出向、中途採用等が増加しています。こうした人材やノウハウは、企業価値担保権を用いた融資業務にも活用可能であると考えられます。さらに、最近では、銀行業高度化等会社を設立し、地域商社事業やIT事業、農業、観光業などの非金融事業を自ら営む銀行グループも増えており、事業価値を適切に評価することができる人材の育成やノウハウを蓄積する環境は徐々に整備されつつあるように思われます。

27

Q9 企業価値担保権を活用する場合、モニタリングコストが高くなってしまい、コストとリターンが見合わないのではないでしょうか。

A

　企業価値担保権を活用すると、金融機関には継続的な事業価値の把握が求められ、モニタリングコストが高くなり、リターンとコストが釣り合わないのではないかとの懸念が示されることがあります。

　一般的な融資でも、財務状況を把握するために、事業者との対話やモニタリングは行われています。企業価値担保権を活用した場合のモニタリングでは、主として財務状況の把握が念頭に置かれており、現行の融資実務と大きく異なるものが求められているわけではないと考えられます。モニタリングの頻度や精度が高くなる可能性はあるとしても、モニタリングコストが大きく上昇するものではないと思われます。また、事例の蓄積に伴いモニタリングの手法が確立されれば、モニタリングコストは自然と低くなると考えられます。

　企業価値担保権を活用する場合には、小口分散型の融資は想定されず、融資額が大きくなる傾向にあると想定されることも踏まえると、モニタリングコストに見合うリターンを得ることは十分可能であると思われます。

Q10 事業者が破産した場合には、企業価値担保権の保全としての機能が失われるのではないでしょうか。

A

　企業価値担保権の担保価値は事業価値と連動し、財務状況が悪化し事業価値が低下すれば担保価値も低下することになります。そのため、企業価値担保権は保全としての機能に乏しく、活用は困難であるとの意見も寄せられていました。

　たしかに、事業者が破産する局面に限定してみれば、事業価値は清算価値を下回っていることが通常であり、融資時において期待していたほどの保全を図ることはできません。

　もっとも、事業者がデフォルトしたとしても、必ずしも事業価値が清算価値を下回るわけではありません。一時的に財務状況が悪化していたとしても、経営者の交代や第三者への事業譲渡等を通じて、財務状況が回復する可能性はあります。このような場面においては、企業価値担保権の実行が合理的な選択肢となる場合もあると思われます。

　また、破産時の保全としての機能が弱いからこそ、金融機関は、平時から事業者とコミュニケーションをとり、事業価値が大きく毀損する前に財務状況の悪化を検知し、経営改善を支援する強い動機を有します。金融機関と事業者とが密にコミュニケーションをとり、同じ目線を共有することで、デフォルトに至る前に経営改善が進められることもあり得るでしょう。

　以上を踏まえると、企業価値担保権は、破産時における保全ではなく、破産に至る可能性を軽減させる点に主眼があると整理できます。

29

破産という限定された局面だけではなく、財務状況の悪化が予測される局面や悪化し始めた局面、デフォルトが生じた局面など、様々な局面を総合的に考慮すれば、債権回収の観点からも、企業価値担保権を活用する意義は大きいものと考えられます。

Q11 企業価値担保権を活用した融資は、無担保融資とどのような違いがあるのでしょうか。

A

　現行の融資実務でも、金融機関が事業の価値や将来性を理解し、担保や経営者保証を徴求することなく融資を行うという例は見られます。無担保融資では、担保となる資産がない以上、金融機関にとっても事業価値や将来性の重要性は高まります。そうすると、企業価値担保権を活用しなくても、事業の価値や将来性に基づく融資は実現可能のようにも思われます。

　もっとも、無担保融資では、金融機関がコストをかけて支援に取り組んだとしても、事業者が将来破綻した際には、コストを負わず支援に取り組まなかった他の金融機関と按分弁済を受けることになります。そのため、無担保融資は、支援のコストに見合うだけのリターンを得ることが難しく、積極的にコストをかけて事業を支援する合理性に乏しい構造にあると指摘されています（いわゆるフリーライドの問題です。）。

　他方、企業価値担保権を活用した融資の場合、事業者が将来破綻した際、少なくとも他の金融機関には優先して弁済を受けることができます。そのため、支援のコストに見合うだけのリターンを得やすく、コストをかけて融資や支援を行うことがより合理的な選択肢となりやすい構造が生まれると考えられます。

Q12 企業価値担保権と株式担保とは、どのような違いがあるのでしょうか。

A

　株式担保は、株式価値を担保価値として把握するものですので、事業価値や事業の将来性の重要性は高いといえます。そのため、一見すると、株式担保を利用することで、企業価値担保権の趣旨・目的は達成されるようにも思われます。

　もっとも、株式担保における担保価値は、あくまで株式価値（事業価値から債務額を控除した残額）であり、事業価値そのものではありません。また、設定者は株主であるため、株主が多数存在する場合には利用が困難です。事業者が資産を廉価で売却するなどの詐害的な行為に及んだ場合、詐害行為に基づく取消請求や債務不履行に基づく損害賠償請求などの債権的請求は可能であっても、事業者の詐害行為が直ちに無効となるわけではありません。倒産手続では、事業者の財産について担保権を有しているわけではない以上、無担保権者として扱われることになります。破産時には、企業価値が清算価値を下回っており株式価値はゼロであることが想定されるため、担保権実行による回収は事実上困難です。

　他方、企業価値担保権は、企業価値そのものが担保価値となります。また、設定者が事業者であるため、株主が分散していることの影響を受けることはありません。事業者の詐害行為については、詐害行為取消請求をせずとも、一定の場合には当然に無効となります[7]。

　破産手続や民事再生手続では、企業価値担保権は抵当権とみなされますので、別除権者として他の金融機関から優先して回収することが

Q12

可能です。

---

7 本法では、①債務者は原則として担保目的財産の処分権限を有する、②通常
の事業活動の範囲を超える処分等は企業価値担保権者の同意を要する、③ ②
において同意を得ずになされた行為は原則として無効とするものの、善意無重
過失の第三者に対抗することはできないとの規律が設けられています。

Q13 企業価値担保権の導入にあたり、金融機関や事業者はどのような点に留意する必要があるのでしょうか。

A

(1) 金融機関と事業者に求められるもの

　企業価値担保権は、ノウハウや顧客基盤等の無形資産を含む事業価値そのものが担保価値として評価される点において、日本では事実上前例のない担保権といえます。

　金融機関としては、事業価値と担保価値が連動するため、事業キャッシュフローや事業の将来性に強い関心を持つことになり、事業者の財務状況を継続的に把握し、財務上の問題を早期に検知することの重要性がより一層高まります。そのため、金融機関には、事業者をモニタリングし、事業価値を的確に評価する能力が求められます。

　事業者としては、金融機関が事業価値を評価する前提として、財務状況や事業計画などの事業価値に関する情報を適切に提供することが求められます。特に、日本の中小企業では、会計情報の外部監査がなく、取引口座が複数の金融機関に分散していることなどから、金融機関が正確な情報を把握することが難しい構造にあるとも指摘されています。こうした中小企業において、事業者による情報提供の重要性はより一層高まります。

(2) 財務コベナンツの活用

ア　米国の融資実務

　米国では、既に全資産担保を活用し、事業キャッシュフローに着目

した融資実務が根付いているとされています。こうした米国の制度や実務は、企業価値担保権の活用について、重要な示唆を有するものと考えられます[8]。

米国の融資実務については、「全資産担保を活用した融資・事業再生実務に関する研究会」報告書（以下、「商事法務研究会報告書」といいます。）や「事業性に着目した融資実務の影響に関する定量的な分析を行った文献調査及び有識者へのインタビュー調査」報告書（以下、「NRI報告書」といいます。）などが参考になります。

NRI報告書によると、米国では、企業価値全体を担保とする制度の存在と企業価値を維持し事業の継続を可能とする手続の存在を背景に、キャッシュフローに基づく融資が普及しており、米国全体において、キャッシュフローベースの借入（社債を含みます。）は、金額ベースで負債総額の約80％を占めるとされています。

また、商事法務研究会報告書では、キャッシュフローに着目した融資における財務コベナンツの重要性に言及されており、米国における財務コベナンツの役割や種類は以下のとおりとされています。

8　金融庁は、全資産担保を活用した米国の融資・再生実務やそれを支える金融機関の体制について、株式会社野村総合研究所に調査を委託し、令和4年4月、「全資産担保を活用した米国の融資・再生実務の調査」の報告書が公表されています。また、米国や英国での全資産担保を活用した融資制度や実務慣行、日本で新たな担保制度が導入された際の融資実務や活用のあり方の整理について、公益社団法人商事法務研究会に委託し、令和5年3月、「全資産担保を活用した融資・事業再生実務に関する研究会」の報告書が公表されています。さらに、諸外国における事業全体に対する担保制度が借り手や貸し手の行動等に与える影響について定量的に文献の調査及びその論文の執筆者へのヒアリングを株式会社野村総合研究所に委託し、令和6年4月、「事業性に着目した融資実務の影響に関する定量的な分析を行った文献調査及び有識者へのインタビュー調査」の報告書が公表されています。

【財務コベナンツの役割】
- 中小企業取引でも財務コベナンツの設定が一般的になっている。
- 財務コベナンツを設定する目的は、早期に事業者の財務上の問題点を検知し対応する点にあり、金融機関と事業者との間のコミュニケーションにおいて重要な役割を果たしている。
- 財務状況のモニタリングでは、事業者の財務情報や財務コベナンツの遵守状況が重要な指標である。
- 財務コベナンツの数や確認頻度は、事業者の規模や契約内容等によって異なるものの、中小企業であれば、財務コベナンツの数は数個にとどまり、確認頻度は四半期ないし年に1回が一般的である。
- 財務コベナンツへの抵触は、金融機関と事業者の対話の契機として位置付けられる。財務コベナンツに抵触したからといって、必ずしも直ちに期限の利益を喪失させ担保権実行に移行するわけではなく、事業者に、期限の利益喪失事由を治癒するための期間が付与されることが一般的である。

【財務コベナンツの具体例】
- 事業キャッシュフローに関するもの（ミニマム EBITDA の額、インタレストカバレッジレシオ等）
- レバレッジに関するもの（負債比率、元利金返済カバー率等）
- バランスシートに関するもの（純資産額、流動性比率等）

イ　日本の融資実務に対する示唆

　米国での全資産担保を活用した融資実務と日本での融資実務を比較した場合、融資時・期中管理局面では、財務コベナンツの目的や活用場面に大きな差異があるように思われます。

　日本でも、特にシンジケートローンなどの比較的規模の大きな融資

では、事業者の特性に応じた財務コベナンツが設けられることが一般的となっています。他方、中小企業に対する融資では、財務状況が悪化した際に財務コベナンツを設定する場合はあっても、融資時に事業者の特性に応じた財務コベナンツが設けられるケースは少ないと指摘されます。

もちろん、財務コベナンツが設けられていない場合であっても、不動産担保や個人保証に過度に依存しない融資に取り組み、事業者と緊密な関係性を構築し、財務状況や事業の将来性を見極めている例は存在します。

しかしながら、とりわけ中小企業については、金融機関において必要な情報を適時適切に把握することが難しいケースも相応にあると思われます。

事業者の特性に応じた財務コベナンツを設定することができれば、金融機関としては、事業者の財務状況を把握・分析するに足りる情報を取得する機会が多くなると思われます。事業者としても、財務コベナンツへの抵触は担保権の実行につながる可能性がありますので、金融機関に対し情報を提供し緊密なコミュニケーションを図るインセンティブが高まると考えられます。

特に、企業価値担保権を活用する場合、財務状況のモニタリングの重要性はより一層高まります。金融機関と事業者との間で、事業価値の維持・向上に向けた具体的かつ合理的な財務数値や目標が共有されることで、モニタリングの実効性が高まるものと思われます。

Q14 企業価値担保権の概要を教えてください。

A

　企業価値担保権は、会社の総財産（将来において会社の財産に属するものを含みます。）を目的とする物権であり、当該会社に対する特定被担保債権及び不特定被担保債権を担保します（本法7条1項、4項）。企業価値担保権者は、担保目的財産について、他の債権者に先立って特定被担保債権及び不特定被担保債権に対する配当を受けることができます（同条2項）。

項　　目	概　　要
担保目的財産	・総財産（無形資産や将来キャッシュフローを含む事業価値全体）
被担保債権	・特定被担保債権及び不特定被担保債権
極度額	・極度額の設定は任意 ・債務者は企業価値担保権者に対し請求することで極度額を設定可能
債務者（設定者）	・株式会社又は持分会社 ・物上保証は禁止
債権者	・無制限
担保権者	・企業価値担保権信託会社（免許制、銀行等は簡易な手続で取得可能）
公示（対抗要件）	・商業登記簿等への登記（既存の個別財産に係る登記・登録は不要） ・他の担保権との優劣は原則として対抗要件具備の先後

債務者の処分権限	・原則として自由 ・通常の事業活動の範囲を超える行為は企業価値担保権者の同意必要
重複担保権	・実行は不可（設定は可能）
経営者保証	・粉飾等の場合を除き経営者保証の利用は制限
他の債権者による強制執行	・他の債権者による強制執行等に係る手続において配当又は弁済金の交付を受けることはできない ・強制執行等が債務者の事業継続に支障を来す場合には異議を主張できる
実行手続	・管財人が事業の経営等を担う ・事業の継続に必要な商取引債権や労働債権等を優先して弁済 ・換価の方法は原則として事業譲渡等（裁判所の許可が必要） ・一般債権者等のために事業譲渡の対価の一部を確保
倒産手続での取扱い	・破産手続・再生手続では別除権 ・会社更生手続では更生担保権

Q15 どのような事業者が企業価値担保権を設定することができるのでしょうか。

A

(1) 概要

　企業価値担保権の設定者は、「会社」（株式会社及び持分会社）に限定されています（本法7条1項、2条2項、会社法2条一号）。

(2) 趣旨・背景

　事業の用に供される財産と個人の私生活上の財産とを区別することは困難ですので、少なくとも個人を設定者から除外する必要があります。

　他方、成長資金を要する営利を目的とする法人については、広く企業価値担保権の活用を認めるべきと考えられます。そこで、本法では、企業価値担保権の公示の観点も踏まえつつ、設定者を、営利を目的とする法人であって商業登記簿において公示される者、すなわち株式会社及び持分会社に限定しています[9]。

9　「WG報告書」9頁

Q16 企業価値担保権信託契約について教えてください。

A

(1) 概要

ア　企業価値担保権信託契約の当事者

　企業価値担保権を設定しようとする場合には、企業価値担保権信託契約（債務者と企業価値担保権信託会社との間で締結される信託契約であって、債務者を委託者とし、企業価値担保権信託会社を受託者とするものをいいます。）に従わなければなりません（本法8条1項、6条3項）。企業価値担保権信託契約における受益者は、特定被担保債権者及び不特定被担保債権者です（本法6条6項、7項）。

　「特定被担保債権」とは、企業価値担保権信託契約により定められた特定の債権又は一定の範囲に属する不特定の債権（債務者との特定の継続的取引契約によって生ずるものその他債務者との一定の種類の取引によって生ずるものに限ります。）等と定義されます（同条4項）[10]。

　「不特定被担保債権」とは、債務者において清算手続の開始原因が生じた場合、又は破産手続開始の決定を受けた場合の当該債務者に対する財産上の請求権であって、清算会社の財産又は破産財団から弁済又は配当を受けることができるもの（企業価値担保権の実行手続終結の

10　特定被担保債権が譲渡された場合は債権譲受人が、代位弁済がされた場合は代位弁済者が、それぞれ特定被担保債権者となります（本条4項一号、二号）。ただし、元本確定前に債権譲渡や代位弁済がされた場合において、企業価値担保権信託契約によりその範囲を限定する旨の定めがあるときは、その定めによります（同項ただし書）。

41

決定があるまでに弁済又は配当を受けるものを除きます。)と定義されます（同条5項）。

イ　企業価値担保権信託契約の内容

　企業価値担保権信託契約の必要的記載事項は以下のとおりです（本法8条）。

① 　信託の目的が、企業価値担保権信託会社が次に掲げる行為をするものであること
・企業価値担保権の管理及び処分をすること
・特定被担保債権者のために、企業価値担保権の実行手続において、配当可能額から不特定被担保債権留保額を控除した額を限度として金銭の配当を受け、当該金銭の管理及び処分をすること
・不特定被担保債権者のために、不特定被担保債権留保額の金銭の配当を受け、当該金銭の管理及び処分をすること

② 　特定被担保債権及び不特定被担保債権を担保するために企業価値担保権信託会社を企業価値担保権者として企業価値担保権を設定すること

③ 　特定被担保債権の範囲を定めていること

④ 　特定被担保債権を有し、又は有すべき者を受益者として指定すること、当該者による受益権の取得は、特定被担保債権（本法6条4項一号～三号までに掲げる財産上の請求権に限ります。）を有し、又は有すべき者については、企業価値担保権信託会社に対して当該受益権の取得について承諾をした時（当該特定被担保債権を有している場合に限ります。）に効力を生じ、それ以外の者については、企業価値担保権信託会社に対して当該受益権の取得について承諾をした時に効力を生じること

⑤　不特定被担保債権を有する者を受益者とすること
⑥　企業価値担保権が消滅する前に企業価値担保権信託契約に係る信託が終了した場合の信託法182条1項二号に規定する帰属権利者を債務者とすること
⑦　その他内閣府令・法務省令で定める事項

(2) 趣旨・背景

　企業価値担保権の設定において企業価値担保権信託契約を必須とした趣旨は、与信者（被担保債権者）を限定しないことで企業価値担保権の活用の幅を広げる一方で、受託者（担保権者）を企業価値担保権信託会社に限定し業規制を及ぼすことで濫用の懸念を払拭する点にあります。詳細は、Q17（企業価値担保権信託会社について教えてください）を参照してください。

【企業価値担保権信託契約のイメージ】

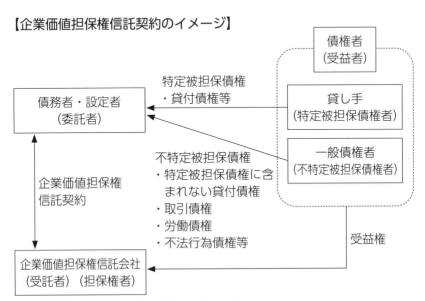

※　債権者と担保権者が一致することも認められる
※　実行手続において、事業に必要な取引債権及び労働債権は優先的に弁済される

Q17 企業価値担保権信託会社について教えてください。

A

(1) 概要

ア 新たな信託業の創設

企業価値担保権を設定しようとする場合には、「企業価値担保権信託契約」に従う必要があります（本法8条1項）[11]。

「企業価値担保権信託契約」は、「債務者と企業価値担保権信託会社との間で締結される信託契約であって、債務者を委託者とし、企業価値担保権信託会社を受託者とするもの」と定義され（本法6条3項）、「企業価値担保権信託会社」は、「第32条の内閣総理大臣の免許を受けた者（第33条第1項又は第2項の規定により当該免許を受けたものとみなされた者を含む。）」と定義されています（本法6条2項）[12]。

企業価値担保権に関する信託業務は、内閣総理大臣の免許を受けた会社でなければ営むことができません（本法32条）[13]。

---

11 企業価値担保権の設定において企業価値担保権信託契約が必須とされていることから、企業価値担保権の承継は、受託者としての権利義務の承継とともにしなければならないこととされています（本法23条）。

12 本法では、被担保債権者が「企業価値担保権信託会社」を兼ねることも認められており、信託会社の関与により信託報酬等のコストが嵩むとのセキュリティ・トラストの課題解消が図られています。

13 内閣総理大臣は、本法による権限（政令で定めるものを除きます。）を金融庁長官に委任しており、金融庁長官は、政令で定めるところにより、権限の一部を財務局長又は財務支局長に委任することができるとされています（本法251条）。企業価値担保権信託会社の免許や監督に関する権限については、金融庁長官に委任することになると予想されますが、本書執筆時点では政令の内容が明らかではないため、一律に「内閣総理大臣」と記載しています。

本法では、みなし免許制が採用されており、以下の者は、当該免許を受けたものとみなされます（本法33条1項）。

① 担保付社債信託法3条の免許を受けた者

② 金融機関の信託業務の兼営等に関する法律1条1項の認可を受けた金融機関（担保権に関する信託業務を営むものに限ります。）

③ 信託業法3条若しくは53条1項の免許を受けた者

また、銀行その他の内閣府令で定める者は、企業価値担保権に関する信託業務を営む旨の届出により、当該免許を受けたものとみなされます（同条2項）。

以上に該当しない者が免許を受けようとする場合、本法34条の規定に従い、申請書及び添付書類を提出する必要があります。なお、企業価値担保権信託会社は、同条1項各号に掲げる事項に変更があったときは、その日から2週間以内に、その旨を内閣総理大臣に届け出なければなりません（本法38条）。

内閣総理大臣は、免許の申請があった場合、以下の審査基準に適合するかどうかを審査します（本法35条1項）。また、審査基準に照らし必要があると認めるときは、その必要の限度において、免許に条件を付すことができます（同条2項）。

① 定款の規定が法令に適合していること

② 企業価値担保権に関する信託業務を健全に遂行するに足りる財産的基盤を有していること

③ 人的構成に照らして、企業価値担保権に関する信託業務を的確に遂行することができる知識及び経験を有し、かつ、十分な社会的信用を有していること

④ 他に営む業務はその企業価値担保権に関する信託業務を適正かつ確実に営むことにつき支障を及ぼすおそれがないこと

加えて、企業価値担保権信託会社には、資本金規制等が課せられ

ており、資本金の額又は出資の総額は、1,000万円以上である必要が
あります（本法36条）。また、企業価値担保権信託会社が合名会社又は
合資会社であるときは、出資の払込金額が500万円に達するまで、企
業価値担保権に関する信託業務に着手することが禁止されています
（本法37条）。

イ　企業価値担保権信託会社の業務範囲

　企業価値担保権信託会社は、企業価値担保権に関する信託業務及び
以下の業務のみを営むことが認められており、他の業務を営むことが
できません（本法39条5項）。

　　①　銀行法等の規定に基づいて行う同法に規定する銀行の業務等そ
　　　の他政令で定める業務（同条1項）

　　②　企業価値担保権に関する信託業務を適正かつ確実に営むことに
　　　つき支障を及ぼすおそれがない業務（内閣総理大臣の承認が必要、
　　　同条2項）

　なお、免許の申請書に本法39条1項の規定により営む業務以外の業
務を営む旨の記載がある場合において、当該免許を受けたときは、当
該業務を営むことにつき同条2項の承認を受けたものとみなされます
（同条6項）。

ウ　企業価値担保権信託会社の監督

　企業価値担保権信託会社が営む企業価値担保権に関する信託業務は、
内閣総理大臣の監督に属します（本法42条）。

　内閣総理大臣は、企業価値担保権信託会社の信託業務の健全かつ適
切な運営を確保する必要があると認めるときは、当該企業価値担保権
信託会社に対し、業務・財産に関する資料等の提出を命じ、立入調査
等を実施することができます（本法45条1項）。また、当該企業価値担

保権信託会社の信託業務の健全かつ適切な運営を確保するため必要があると認めるときは、当該企業価値担保権信託会社に対し、その必要の限度において、業務の停止等監督上必要な措置を命ずることができます（本法46条）。さらに、企業価値担保権信託会社が法令、定款若しくは法令に基づく内閣総理大臣の処分に違反したとき、又は公益を害する行為をしたときは、当該企業価値担保権信託会社に対し、業務の停止等を命じ、又は免許を取り消すことができます（本法47条）。

内閣総理大臣は、本法46条又は47条の規定により業務の停止を命じたとき、又は免許を取り消したときは、その旨を公告しなければなりません（本法49条）。

企業価値担保権信託会社は、本法47条の規定による免許の取消しにより解散し、内閣総理大臣の監督のもと、清算手続が行われることになります（本法50条、53条1項）、この場合、内閣総理大臣が、利害関係人の申立てにより又は職権で清算人を選任します（本法51条）。

エ　企業価値担保権信託会社の義務

(ア)　信託業法の準用

　　企業価値担保権信託会社については、信託業法15条（名義貸しの禁止）、22条（信託業務の委託）、23条（信託業務の委託に係る信託会社の責任）、23条の2（指定紛争解決機関との契約締結義務等）[14]、24条（信託の引受けに係る行為準則）、25条（信託契約の内容の説明）、26条（信託契約締結時の書面交付）、28条3項（信託会社の分別管理体制等の体制整備義務）、29条（信託財産に係る行為準則）、29条の3（費用等の償還又は前払の範囲等の説明）が準用されてい

14　紛争解決機関の指定制度や業務規程等については、本法55条～57条において規定されています。

ます（本法40条1項）。

　例えば、企業価値担保権信託会社は、企業価値担保権信託契約による信託の引受けを行うときは、原則として、あらかじめ、委託者に対し当該企業価値担保権信託会社の商号、信託の目的、信託財産に関する事項等を説明しなければなりません（本法40条1項、信託業法25条）。

　また、企業価値担保権信託会社は、企業価値担保権信託契約による信託の引受けを行ったときは、原則として、遅滞なく、委託者に対し当該企業価値担保権信託会社の商号、信託の目的、信託財産に関する事項等を明らかにした書面を交付しなければなりません（本法40条1項、信託業法26条1項）。

㈡　事業報告書の提出

　企業価値担保権信託会社は、内閣府令で定めるところにより、企業価値担保権に関する信託業務に係る報告書を作成し、内閣総理大臣に提出しなければなりません（本法41条）。

㈢　企業価値担保権の実行義務

　特定被担保債権が期限が到来しても弁済されず、又は債務者が特定被担保債権の弁済を完了せずに解散（合併の場合を除きます。）をしたときは、受託会社は、全ての特定被担保債権者の指図により、企業価値担保権の実行その他の必要な措置をとらなければなりません。なお、企業価値担保権信託契約に別段の定めがあるときは、その定めるところにより必要な措置をとることになります（本法61条）。

㈣　配当を受けた財産の管理等の義務

　受託会社は、企業価値担保権の実行により配当を受けた場合には、次に掲げる行為をする義務を負います（本法62条1項）。下記④において、清算人又は破産管財人が給付を受けた金銭は、清算会社等又は破産財団に属する財産となり（同条2項）、清算手続又は破産手続

において、不特定被担保債権者に配当されることになります。

① 特定被担保債権者に対し、遅滞なく、その有する特定被担保債権の額又は給付可能額[15]から不特定被担保債権留保額を控除した額のいずれか低い額を上限として企業価値担保権信託契約で定める額に相当する金銭を給付すること

② 債務者について清算手続若しくは破産手続が開始され、④による金銭の給付をするまで又は本法62条3項の規定により信託が終了するまでの間、不特定被担保債権者のために、当該金銭の給付をするために必要な財産を管理すること

③ 債務者が特別清算開始又は破産手続開始の申立てをする場合において、債務者のために、②に規定する財産から、当該申立ての手数料及び予納金を納付すること

④ 債務者について清算手続又は破産手続が開始されたときは、遅滞なく（当該清算手続又は破産手続が開始された後に当該配当を受けたときは、当該配当を受けた後遅滞なく）、当該清算手続又は破産手続における、弁済又は配当の順位に従って、不特定被担保債権者に不特定被担保債権留保額に相当する金銭（③に規定する金額を予納した場合は、不特定被担保債権留保額から当該金額を控除した額に相当する金銭）を給付するために、清算人又は破産管財人に対し、当該金銭を給付すること

以上のとおり、受託会社は、実行手続終了後も、不特定被担保債権者のために財産の管理等を行う必要があります。もっとも、実行手続が終了したとしても清算手続又は破産手続が開始されるとは限

---

15 給付可能額とは、配当を受けた額及び信託財産に属する債権について弁済を受けた金額から信託報酬等及び信託財産に係る債務の金額を控除した残額をいいます（本法62条5項）。

りません。このような場合に、受託会社が不特定被担保債権留保額を管理し続けなければならないとすると、受託会社に過度な負担を強いることになります。そのため、次のいずれかに該当する場合には、企業価値担保権信託契約に係る信託は終了し、当該信託の受益権は消滅することとされています（同条3項）。

① 実行手続終結の決定に係る公告の日から30日を経過しても、債務者について清算手続が開始せず、かつ、破産手続開始の申立てがなされない場合

② ①の期間内に債務者について清算手続が開始せず、かつ、当該期間内に破産手続開始の申立てがなされた場合において、当該申立てのいずれもが取り下げられ、又はこれらを却下し、若しくは棄却する決定が確定し、若しくは当該申立てに係る破産手続開始の決定を取り消す決定が確定したとき

オ　特別代理人の選任

裁判所は、受託会社が業務停止命令を受けているとき、受益者のためにすべき信託業務の処理を怠っているとき、又は受益者と受託会社の利益が相反する場合において受託会社が受益者のために信託業務の処理に関する裁判上又は裁判外の行為をする必要があるときは、受益者の申立てにより、特別代理人を選任することができます（本法63条1項）。

カ　信託業務の承継等

受託会社の辞任、解任及び信託義務の承継については、担保付社債信託法類似の規定が設けられています。

すなわち、受託会社は、信託法57条の規定により辞任するときは、信託業務を承継する会社を定めなければなりません（本法65条）。

受託会社については、信託法58条に基づく解任が認められるところ、同条4項の適用においては、「受託者がその任務に違反したとき、信託事務の処理に不適任であるときその他重要な事由があるとき」は、裁判所は、委託者又は受益者の申立てにより、受託者を解任することができると読み替えられます（本法66条）。

内閣総理大臣は、免許の取消し等により受託会社が免許の効力を失ったときは、受託会社の解任の申立て（信託法58条4項）、新受託会社の選任の申立て（同法62条4項）又は信託財産管理命令の申立て（同法63条1項）をすることができます（本法67条1項）。また、内閣総理大臣は、信託行為で指定された新受託者となるべき者に対し、就任の承諾をするかどうかを確答すべき旨を催告することもできます（本法67条1項）。これらの場合において、裁判所が受託会社を解任するまでの間は、当該受託会社は企業価値担保権信託会社とみなされ、本法に規定する義務を負います（同条2項）。

本法65条の規定による信託業務の承継は、債務者、前受託会社及び新受託会社が契約書を作成することにより、効力が生じます（本法68条）。信託業務の承継に関する業務は、内閣総理大臣の監督に属し、内閣総理大臣は、監督上必要があると認めるときは、前受託会社又は新受託会社に対し、立入検査等を実施することができます（本法69条）。

(2) 趣旨・背景

担保制度については、一般的に、個人や一般事業会社、無登録で貸金業を行う者などが、事業に不当な影響を及ぼすことを目的として、株式や事業資産への担保権を濫用的に取得・行使するおそれがあるとの指摘があります。特に、企業価値担保権は、一つの担保権の設定によりのれん等の無形資産を含む総財産を担保として取得することが可能であるため、濫用のリスクが相対的に高まるのではないかとの懸念

51

も示されていました。

　他方、事業者の資金需要に応える観点からは、企業価値担保権の活用可能性を過度に狭めるべきではありません。事業の実態や将来性を的確に理解し、事業者を適切に支援することができる与信者に対しては、広く企業価値担保権の活用を認めるべきと考えられます。

　本法では、上記の弊害を防止する観点及び制度の効果を発揮する観点の双方の要請を満たすため、与信者（被担保債権者）を限定しないことで企業価値担保権の活用の幅を広げる一方で、新たに「企業価値担保権信託会社」を創設し担保権者に業規制を及ぼすことで濫用の懸念を払拭しています[16・17]。

16　「WG 報告書」10 頁〜 12 頁

17　企業価値担保権の活用可能性を広げる観点から、「WG 報告書」11 頁〜 12 頁では、「制度や信託のモデル契約等の工夫を通じて、信託会社が、不必要なコストをかけずに、その事務を適切に遂行できるよう、信託事務の内容を可能な限り明確化・定型化することで、使いやすい制度とすることが望ましい」とされています。

Q18 極度額を設定する必要はあるのでしょうか。

A

(1) 概要

　極度額の設定は、任意であり、企業価値担保権設定における要件ではありません。債務者は、企業価値担保権者に対し書面又は電磁的記録により請求することで、企業価値担保権の極度額をその指定する金額に定めることができ、その請求の時に企業価値担保権の極度額が定まります（本法9条1項〜4項）。

　この場合の極度額は、次に掲げる額の合計額を下回ることができません（同条5項）。

① 　現に存する特定被担保債権に係る債務の額と以後2年間に生ずべき利息その他の定期金（②の手数料を除きます。）及び当該債務の不履行による損害賠償の額とを加えた額

② 　一定の期間及び金額の範囲内において、債務者の意思表示により当事者間において債務者を借主として金銭を目的とする消費貸借その他の債務者が対価を得て特定被担保債権に係る債務を負担することをその内容とする契約を成立させることができる権利を特定被担保債権者が債務者に付与し、債務者がこれに対して手数料[18]を支払うことを約する契約が締結されている場合において、当該契約により生じさせることのできる債務の上限額と以後2年

18　典型的には、コミットメントフィーが想定されます。

間に生ずべき当該手数料とを加えた額から当該契約により生じた現に存する債務の額を控除した額

企業価値担保権者は、債務者から極度額設定請求を受けたときは、全ての特定被担保債権者に対し、遅滞なくその旨を通知しなければなりません（同条6項）。

極度額を変更又は廃止する場合は、利害関係を有する者の承諾を得る必要があります（同条7項）。

(2) 趣旨・背景

現行法上、根抵当権及び不動産根質権については、極度額の設定が必須の要件とされています。これは、極度額の定めがなければ後順位で抵当権を設定しようとする者が不動産の残存担保価値を把握することができず、追加融資が困難になるおそれがあるためとされています。

企業価値担保権の場合、比較的価値が安定している不動産と異なり、担保価値は事業価値と連動して絶えず変動し、事業の維持・発展に必要となる資金額も増減するため、極度額の設定を求める意義は乏しいと考えられます。

もっとも、金融機関によって、事業価値の評価や融資の可否又は融資額に係る判断が異なる可能性があります。このような場合に、債務者が複数の金融機関から資金調達を望むのであれば、極度額を設定し債権者間の優先関係を複層化することが有用なケースもあると考えられます。

そこで、本法では、極度額を必須の要件とはしない一方、債務者の請求により極度額を設定することができることとされました[19]。

---

19 「WG報告書」12頁～13頁

なお、極度額の設定請求においては、企業価値担保権者の同意が不要であることを踏まえ、既に発生している債務や債権者が融資義務を負う契約がある場合の当該融資義務の上限額等の合計額が、極度額の下限とされています。

Q19 企業価値担保権の設定において必要な機関決定を教えてください。

A

(1) 概要

　企業価値担保権を設定する場合、原則として取締役会決議（非取締役会設置会社においては取締役の決定又は株主総会決議）が必要です（本法10条）。また、定款において企業価値担保権の設定を株主総会決議事項とすることも認められています（同条二号等）。

　なお、企業価値担保権の実行において、株主総会決議は不要です（本法157条6項）。

(2) 趣旨・背景

　企業価値担保権の実行は、事業譲渡と同様の効果を生じさせることになります。会社法上、事業譲渡が株主総会決議事項とされていることから、企業価値担保権の設定又は実行においても、株主総会決議が必要であるとの意見も寄せられていました[20]。

　そもそも、会社法上、株主総会決議事項は、株主意思の尊重のみならず、業務執行の迅速性や取引の安全の確保等も考慮した政策的な判断によって決められています。

　企業価値担保権の設定自体により、事業譲渡の効力が生じるものではありません。企業担保権や全ての個別資産に対する担保権の設定が、

20　「論点整理2.0」97頁〜100頁

「多額の借財」又は「重要な財産の処分」として取締役会決議等を要すると解されていることとの整合性も踏まえると、企業価値担保権の設定については、取締役会決議事項と整理することが合理的です。

　他方、株主が企業価値担保権の活用を望まない場合にはその意思を尊重することも考えられます。

　そこで、本法では、企業価値担保権の設定には原則として取締役会決議が必要であるとしつつ、定款において定めがある場合には株主総会決議によることとされました[21]。

　なお、企業価値担保権の実行において、株主総会決議が必要であるとすると、事実上担保権の実行が不可能という事態になりかねません。強制執行手続や競売手続において株主総会決議が不要とされていることとの整合性からも、企業価値担保権の実行においても株主総会決議は不要とすべきと考えられます。

　本法でも、企業価値担保権の実行において株主総会決議が不要であることが明文化されています。

21　「WG報告書」9頁〜10頁

Q20 企業価値担保権が設定されている場合、担保目的財産について個別に担保権を取得・実行することはできるのでしょうか。

A

(1) 概要

特定被担保債権者（特定被担保債権者に代位する者を含みます。）は、重複担保権（債務者の財産を目的として特定被担保債権を担保する質権、抵当権その他の担保権（企業価値担保権を除きます。））の設定を受けることはできますが、これを実行することはできません（本法11条）。

(2) 趣旨・背景

企業価値担保権が設定されている場合にも、担保目的財産に属する財産について個別に担保権を取得・実行することができるとすると、企業価値担保権者は、個別資産に対する担保権の実行を通じて債権回収を図ることが可能になり、事業価値への関心を持ちにくい構造が生まれます。また、個別資産に対する担保権を実行した場合、担保権者は当該担保権が把握する価値から商取引先や労働者に優先して弁済を受けることができるため、商取引先や労働者への優先弁済を認め事業価値の維持・向上を図ろうとする実行手続の趣旨を没却しかねません。

他方、本法では、債務者は原則として担保目的財産の処分権限を有しており、企業価値担保権者の同意を得ずに通常の事業活動の範囲を超えた処分等が行われたとしても、善意無重過失の第三者は保護されます。そのため、事業価値の維持・向上の観点からは、企業価値担保

権とは別に重要な財産について個別に担保権の設定を受け、当該財産の逸出を防止することも合理的であると考えられます[22]。

そこで、本法では、特定被担保債権者は、担保目的財産に属する財産について個別に担保権の設定を受けることができるものの、これを実行することはできないこととされました。

22　他の債権者が担保目的財産等に強制執行等を行った場合にも同様の問題が生じると考えられます。この点について、本法では、強制執行等が債務者の事業の継続に支障を来す場合には企業価値担保権者が異議を主張することができるとの規律が設けられ、事業の一体性の確保が図られています（詳細は、Q24（他の債権者が企業価値担保権の担保目的財産に対し強制執行等を行った場合、企業価値担保権はどのように扱われるのでしょうか）を参照してください。）。

Q21 企業価値担保権を設定した場合、経営者保証はどのように制限されるのでしょうか。

A

(1) 概要

ア 原則

特定被担保債権に係る債務（債務者以外の連帯債務者が負担する連帯債務を含みます。）について次に掲げる契約が締結されている場合、特定被担保債権者でなくなった後も含め、原則として、当該特定被担保債権を有する特定被担保債権者（特定被担保債権者に代位する者を含みます。）は、当該契約に係る権利を行使することができません（本法12条1項）。

① 当該特定被担保債権に係る債務を保証する保証契約であって保証人が法人でないもの

② 当該特定被担保債権に係る債務を担保する質権、抵当権その他の担保権の設定に係る契約であって、当該担保権の設定者が法人でなく、かつ、当該設定者の所有に属する財産であって当該設定者が当該契約の締結時において生活の本拠として使用している不動産その他これに類する生活の用に供する資産で主務省令で定めるものを目的とするもの[23]

---

23 制限の対象には、「生活の本拠として使用している不動産その他これに類する生活の用に供する資産で主務省令で定めるもの」を担保権の目的とする物上保証も含まれます。実務的には、株式担保と企業価値担保権を併用して融資を行うことも想定されるところ、株式は「生活の用に供する資産」には該当しないため、株式担保の実行は制限されないものと考えられます。

③ 当該特定被担保債権に係る債務を保証する保証契約であって
保証人が法人であるもの（次に掲げる場合におけるものに限りま
す。）[24]

・数人の保証人がある場合において、そのうちの一人又は数人の保
証人が法人でないとき

・当該保証契約の保証人の主たる債務者に対する求償権に係る債務
（主たる債務者以外の連帯債務者が負担する連帯債務を含みま
す。）を主たる債務とし、保証人を法人でないものとする保証契約
が締結されている場合

・当該保証契約の保証人の主たる債務者に対する求償権に係る債務
（主たる債務者以外の連帯債務者が負担する連帯債務を含みま
す。）を担保する質権、抵当権その他の担保権の設定に係る契約で
あって、当該担保権の設定者が法人でなく、かつ、当該設定者の
所有に属する財産であって当該設定者が当該契約の締結時におい
て生活の本拠として使用している不動産その他②の主務省令で定
めるものを目的とするものが締結されている場合

　また、特定被担保債権に係る債務が連帯債務である場合において、
連帯債務者に一人又は数人が法人でないときその他これに準ずるもの
として主務省令で定めるときは、当該特定被担保債権を有する特定被
担保債権者（特定被担保債権者に代位する者を含みます。）は、特定被
担保債権者でなくなった後も含め、連帯債務者が負担する連帯債務に
係る債権を行使することができません（同条2項）。この場合において、
債務者は、債務者でなくなった後も含め、法人でない他の連帯債務者
に対して求償権を行使することができません（同条3項）。

24　求償保証人等が個人である場合を想定した規定です。

イ　例外

　個人保証契約等において、債務者が特定被担保債権者に対して事業及び財産の状況を報告する義務を約したときにこれに違反して虚偽の報告をしたことが停止条件とされていることその他の主務省令で定める要件を満たす場合には、同条1項及び2項の規定は適用されず、個人保証契約等に係る権利を行使することができます（同条4項）。

(2) 趣旨・背景

　経営者保証は、伝統的に信用補完や経営の規律付けといった役割を担ってきた一方、経営者が事業拡大や事業承継を躊躇する要因となる、与信者が事業経営に対するモニタリングを緩める要因となるとの問題も指摘されています。

　そこで、本法では、企業価値担保権が、金融機関による事業性融資や伴走型融資を推進し、経営者による事業拡大や事業承継等を支えることを目的とするものであることを踏まえ、政策的に、企業価値担保権を設定した場合、債務者による粉飾等があった場合を除き、個人保証や生活の本拠として使用している不動産等を目的とする担保権の設定契約に係る権利行使を制限しています[25・26]。

25　「WG報告書」15頁

26　「経営者保証に関するガイドライン」では、経営者保証の機能を代替する融資手法として「停止条件又は解除条件付保証契約」が挙げられており、「『経営者保証に関するガイドライン』Q&A」において、特約条項の内容として、①役員や株主の変更等の対象債権者への報告義務、②試算表等の財務状況に関する書類の対象債権者への提出義務、③担保の提供等の行為を行う際に対象債権者の承諾を必要とする制限条項等、④外部を含めた監査体制の確立等による社内管理体制の報告義務等が例示されています。

Q22 物上保証は認められないのでしょうか。

A

(1) 概要

　企業価値担保権は、他人の債務を担保するために設定することはできません（物上保証の禁止、本法13条1項）。

　特定被担保債権に係る債務の引受けがあったときは、企業価値担保権者は、引受人の債務について企業価値担保権を行使することができません（同条2項）。

　また、特定被担保債権に係る免責的債務引受があった場合における当該特定被担保債権を有する債権者は、企業価値担保権を引受人が負担する債務に移すことはできず（同条3項）、債務者の交替による更改があった場合も、企業価値担保権を更改後の債務に移すことができません（同条4項）。

(2) 趣旨・背景

　事業の実態や将来性に着目した融資を促進し、もって債務者の事業の継続及び成長発展を支えるという企業価値担保権の趣旨からすれば、基本的に債務者と設定者とは一致することが適切であると考えられます[27]。仮に債務者と設定者とが異なる場合、設定者の業績如何にかかわらず、債務者の業績が悪化すれば企業価値担保権が実行され、設定者の利害関係者に予期せぬ多大な影響を与える可能性があります。そのため、本法では、物上保証が禁止されています。

27 「WG報告書」9頁では、グループ会社等の場合には物上保証を認める利益が
あり得るものの、どの範囲で許容されるか、また、許容される要件については
議論が必要であり、必要に応じて、今後の討議事項とすることを検討するとさ
れていましたが、本法では、一律に物上保証を禁止するとの規律が採用されま
した。この点、金融財政事情3547号17頁［堀内秀晃］において、LBOファイ
ナンスではSPC（債務者）の子会社である実働会社の総財産を担保の目的とす
る必要があるところ、実働会社を連帯保証人とし、実働会社に対する連帯保証
債務履行請求権を特定被担保債権として企業価値担保権を設定する手法が考え
られると指摘されています。

Q23 企業価値担保権の公示制度及び他の担保権との優先関係（対抗関係）について教えてください。

A

(1) 概要

　商業登記簿への登記が効力要件とされています（本法15条）[28]。企業価値担保権と他の企業価値担保権又は担保権との優先関係は以下のとおりです（本法16条〜18条）。

競合する担保権	優先順位
・企業価値担保権	・登記の先後による ・各企業価値担保権者の合意により変更可能（ただし、利害関係者の承諾を要する）
・不動産先取特権 　（売買） ・質権 ・抵当権	・登記の先後による ・債務者が他の担保権の目的財産を取得した場合における当該他の担保権は、企業価値担保権に先立ち行使可能
・一般先取特権 ・企業担保権	・企業価値担保権が優先
・特別先取特権 　（不動産先取特権を除く）	・企業価値担保権者は、民法330条1項の規定による第1順位の先取特権（不動産賃貸・旅館宿泊・運輸の先取特権）と同一の権利を有する
・不動産先取特権 　（工事・保存）	・民法337条又は338条1項の規定に従い登記をした先取特権は、企業価値担保権に先立ち行使可能

28　企業価値担保権設定に係る登録免許税は、3万円とされています（本法附則39条）。

65

⑵ 趣旨・背景

ア　企業価値担保権の設定状況は、関係者にとって重要な情報であり、公示は必須です。他方、一から公示制度・システムを構築することは時間的・費用的コストが嵩み現実的ではありませんし、公示の役割を十分に果たすことができない可能性もあります。そのため、公示制度の設計にあたっては、現行の実務でも広く利用されている媒体を用いることが効率的かつ合理的といえます[29]。

　そこで、本法では、商業登記簿への登記を効力要件とし、他の企業価値担保権及び担保権との優先関係については、原則として登記の先後によることとされました[30]。

　立法論としては、既存の登記・登録制度が存在する財産については、商業登記簿への登記とは別に当該財産に係る登記・登録を求めることも考えられます[31]。

　もっとも、別途の登記・登録を必要とした場合、財産の内容次第では、相応の事務的・費用的コストを要する可能性があります。債務者は通常の事業活動の範囲内であれば財産の処分権限を有すること、商業登記簿の確認は実務的にも行われており特段コストを要するものでもないことも踏まえると、別途の登記・登録を不要とした

29　「WG報告書」13頁〜15頁

30　「論点整理2.0」51頁〜52頁では、担保権の設定状況に係る手がかりさえ明確に公示されていれば関係者の予測可能性が確保されると考えられるとして、「登録ファイル」への登録が検討されています。

31　「論点整理2.0」46頁〜48頁では、不動産登記制度が確立されていることなどを理由に、担保目的財産から不動産を除外する考え方も示されていました。もっとも、不動産が事業の継続に不可欠である場合があること、不動産を担保目的財産から除外することで実行手続における商取引債権や労働債権の保護を図ることができない可能性があることなどを踏まえると、担保目的財産に不動産を含めた本法の規律は適切であると考えられます。

本法は合理的であると考えられます[32]。

イ　なお、商業登記簿への登記に関しては、主に事業者側から、企業価値担保権の公示が信用不安の徴表として受け止められるのではないかとの懸念も示されていました。企業価値担保権は、事業価値の維持・向上に強いインセンティブを有する金融機関による事業性融資や伴走型支援を推進するものであり、決して信用不安の徴表となるものではありません。こうした懸念を払拭するためには、政府による啓蒙・普及活動等を通じて、事業者を含む関係者に、企業価値担保権の制度趣旨を広く浸透させることが重要であると考えられます。

32　「WG報告書」14頁では、企業価値担保権の目的財産に第三者が関係するケースとして、①第三者が譲渡を受ける場合、②第三者が担保権の設定を受ける場合、③第三者が担保目的物に差押え等をする場合、④第三者が賃借権や用益物権等を取得する場合を想定した上で、①〜③については企業価値担保権者による財産の処分権限の問題として整理可能、②については担保権設定時に商業登記簿謄本等の提出を求めることが可能、③については執行手続申立時に商業登記簿を確認可能、④については対抗要件を具備している賃借権等を保護すれば足りる、とされています。なお、企業価値担保権が商業登記簿にのみ公示されることから、金融機関としては、抵当権等の設定を受ける際、商業登記簿を徴求・取得し企業価値担保権の設定の有無を確認する必要があります。

67

Q24 他の債権者が企業価値担保権の担保目的財産に対し強制執行等を行った場合、企業価値担保権はどのように扱われるのでしょうか。

A

(1) 概要

　企業価値担保権者は、担保目的財産に対する強制執行、担保権の実行若しくは競売、企業担保権の実行又は国税滞納処分において、配当又は弁済金の交付を受けることができません（本法7条3項）。もっとも、担保目的財産に対する強制執行等（強制執行、仮差押え、仮処分、担保権の実行若しくは競売又は企業担保権の実行）が債務者の事業の継続に支障を来す場合には、当該強制執行等に対して異議を主張することができます（本法19条）[33]。

(2) 趣旨・背景

　企業価値担保権は、債務者の総財産が担保の目的であるため、他の債権者により強制執行等がなされた場合に、常に企業価値担保権者による配当参加又は第三者異議の訴え等を認めてしまうと、他の債権者による債権回収が事実上不可能となりかねません。

　他方、第三者に売却されれば事業の継続に支障を来す財産についてまで強制執行等が認められるとすると、債務者の事業が解体されるおそれがあります[34]。

---

[33] 具体的には、第三者異議の訴え（民事執行法38条、民事保全法45条）により、強制執行等の不許を求めることになります。

[34] 「WG報告書」17〜18頁

そこで、本法では、企業価値担保権者の配当参加を認めないこととしつつ、債務者の事業の継続に支障を来す場合には、当該強制執行等に対して異議を主張することができることとされました[35]。

35　「WG 報告書」18 頁では、債務者の事業の継続に支障を来すケースとして、工場や中心的な機械などの事業の継続において代替不可能な資産が差し押さえられた場合が該当すると考えられる一方、金銭債権などについては該当しないと考えられるとされています。

Q25 設定者は担保目的財産を自由に処分することができるのでしょうか。

A

(1) 概要

設定者による担保目的財産の処分等に係る規律は、以下のとおりです（本法20条）。

① 債務者は、原則として、担保目的財産の処分権限を有する。

② 次に掲げる行為については、企業価値担保権者の同意を要する。

1) 重要な財産の処分

2) 事業の全部又は重要な一部の譲渡

3) 正当な理由がないのに、商品又は役務をその供給に要する費用を著しく下回る対価で供給すること

4) その他の定款で定められた目的及び取引上の社会通念に照らして通常の事業活動の範囲を超える担保目的財産の使用、収益及び処分

③ ②において企業価値担保権者の同意を得ずに行われた行為は原則として無効となるが、善意無重過失の第三者に対抗することができない。

(2) 趣旨・背景

企業価値担保権が設定された場合でも、債務者が仕入れや販売を行い事業を継続することが当然に予定されています。適切な事業運営を実現するためには、原則として、債務者が自由に担保目的財産を処分することを認め、取引の相手方を保護する（企業価値担保権の負担の

ない権利を取得させる）必要があります。

　他方、「通常の事業活動の範囲」を超える担保目的財産の処分等は、類型的に事業価値を毀損する可能性が高いと考えられます。これを自由に認めると、企業価値担保権者が不測の損害を被ることにもなりかねません。

　この点、「通常の事業活動の範囲」という基準は抽象的であり、業種や事業内容等によっては判断に悩む場面もあると思われます。例えば、事業の運営に必要な財産の処分や事業譲渡が「通常の事業活動の範囲」を超えることは明らかです。他方、製造業者が中古機械を処分することは、事業を運営する上で想定されるものの、日頃行われている販売とは性質が異なるため、「通常の事業活動の範囲」内であるかが不明確です。容易に買い手が見つからないような場合には、市場価格より廉価の売却であっても、事業価値の維持・向上に資するケースがあると思われます。

　そもそも、企業価値担保権の趣旨は、事業者と金融機関等とが事業価値の維持・向上という目線を共有し、両者の関係を緊密なものとする点にあります。「通常の事業活動の範囲」を超える処分等については企業価値担保権者の同意を要件とすることで、「通常の事業活動の範囲」内であるかが不明確な場合には同意の要否について債務者と企業価値担保権者とが協議し相互理解を深める契機を設けることが、企業価値担保権の趣旨に沿うものと考えられます。

　他方、「通常の事業活動の範囲」を超える処分等であり、かつ、企業価値担保権者の同意を得ていない場合には、原則として債務者の行為を無効とすべきですが、取引安全の観点からは、第三者保護規定を設ける必要があります[36]。

36　「WG報告書」16〜17頁

以上を踏まえ、本法では、①債務者は原則として担保目的財産の処分権限を有する、②通常の事業活動の範囲を超える処分等は企業価値担保権者の同意を要する、③②において同意を得ずになされた行為は原則として無効とするものの、善意無重過失の第三者に対抗することはできないこととされました。

Q26 被担保債権の範囲を教えてください。

A

(1) 概要

　企業価値担保権における被担保債権の範囲は以下のとおりです（本法21条1項）。

　・特定被担保債権に係る確定した元本並びに利息その他の定期金及び債務の不履行によって生じた損害の賠償の全部（極度額が定められた場合には当該極度額が限度となります。）

　・不特定被担保債権

　債務者との取引によらないで取得する手形上若しくは小切手上の請求権又は電子記録債権を特定被担保債権とした場合において、次に掲げる事由があったときは、その前に取得したものについてのみ、その企業価値担保権を行使することができます。ただし、その後に取得したものであっても、その事由を知らないで取得したものについては、企業価値担保権を行使することができます（同条2項）。

　・債務者の支払の停止

　・債務者についての破産手続開始、再生手続開始、更生手続開始又は特別清算開始の申立て

　・他の企業価値担保権の実行手続開始の申立て

　なお、元本の確定前においては、後順位の企業価値担保権者その他の第三者の承諾を得ることなく、受託会社、債務者及び特定被担保債権者の合意による信託の変更により、特定被担保債権の範囲の変更をすることができます（本法22条）。

73

⑵ **趣旨・背景**

　企業価値担保権は、一定の範囲に属する不特定の債権を担保する点で根抵当権に類似することから、被担保債権の範囲及びその変更について、民法398条の3、398条の4と同様の規律が設けられています。

Q27 特定被担保債権者又は債務者に合併又は会社分割があった場合、企業価値担保権はどのように取り扱われるのでしょうか。

A

(1) 概要

ア 特定被担保債権者の合併又は会社分割

(ア) 合併

元本の確定前に特定被担保債権者について合併があったときは、企業価値担保権は、合併の時に存する特定被担保債権のほか、存続法人又は新設法人が合併後に取得する特定被担保債権を担保します（本法25条1項）。

(イ) 会社分割

元本の確定前に特定被担保債権者を分割会社とする会社分割があったときは、企業価値担保権は、分割の時に存する特定被担保債権のほか、分割会社及び新設会社又は承継会社が分割後に取得する特定被担保債権を担保します（本法26条1項）。

イ 債務者の合併又は会社分割

(ア) 合併

元本の確定前に債務者について合併があったときは、企業価値担保権は、合併の時に存する特定被担保債権に係る債務のほか、存続会社又は新設会社が合併後に負担する特定被担保債権に係る債務を担保します（本法25条2項）。

元本の確定前後を問わず、合併により消滅する債務者の総財産を

目的とする企業価値担保権は、存続会社又は新設会社の総財産につき、効力を有します（同条3項）。この場合において、合併の効力が生じた時に存続会社又は新設会社の財産に設定されている他の担保権は、企業価値担保権（消滅会社の財産に当該他の担保権が設定されていた場合における当該債務者の総財産を目的とする企業価値担保権を除きます。）に先立って行使することができます（同条4項）。

また、合併をする債務者の双方の総財産が企業価値担保権の目的となっている場合、企業価値担保権等の合併後の順位に関し、当該企業価値担保権等を有する全ての者の間に協定がなければ、合併をすることができません（同条5項）。

企業価値担保権者は、債務者の合併の無効の訴えを提起することができます（同条6項）。

(イ)　会社分割

債務者は、企業価値担保権が担保する特定被担保債権に係る債務を分割により承継させることはできません（本法26条2項）。

企業価値担保権者は、債務者の分割の無効の訴えを提起することができます（同条3項）。

(2) 趣旨・背景

企業価値担保権は、一定の範囲に属する不特定の債権を担保するという点で根抵当権に類似し、設定後に会社の財産に属するものが担保目的財産に含まれるという点で企業担保権に類似します。

そこで、元本確定前に特定被担保債権者又は債務者に合併があった場合について、民法398条の9第1項、2項と同様の規律が設けられています。

元本の確定前後を問わず、合併により担保目的財産が他の会社に承継された場合又は合併する双方の会社に企業価値担保権が設定されて

いる場合について、企業担保法8条1項、2項と同様の規律が設けられています。また、債務者が他の担保権の目的財産を取得した場合における当該他の担保権は、企業価値担保権に先立って行使することができるとされていることを踏まえ、合併の効力が生じた時に存続会社又は新設会社の財産に設定されている他の担保権は、消滅会社の総財産を目的とする企業価値担保権に先立って行使することができることとされています。

　次に、元本の確定前に特定被担保債権者を分割をする会社とする分割があった場合について、民法398条の10第1項と同様の規律が設けられています。

　債務者の分割については、企業担保法8条の2と同様の規律が設けられています（企業価値担保権においても、企業担保権と同様に物上保証が禁止されていることを踏まえ、債務者が特定被担保債権に係る債務を分割により承継させることができないとされています。）。

Q28 特定被担保債権の元本はどのような場合に確定するのでしょうか。

A

(1) 概要

ア　元本確定期日等の定め

特定被担保債権の元本については、企業価値担保権信託契約において、その確定すべき期日又は事由を定めることができます（本法27条1項）。当該期日又は事由は、後順位の企業価値担保権者その他の第三者の承諾を得ることなく、受託会社、債務者及び特定被担保債権者の合意による信託の変更により変更することができます（同条2項）。

イ　元本確定請求

元本確定期日等の定めにかかわらず、債務者は、いつでも特定被担保債権の元本の確定を請求することができ、当該請求の時から1週間を経過することによって、元本は確定します（本法28条1項）。

また、企業価値担保権者は、全ての特定被担保債権者の指図により、いつでも特定被担保債権の元本の確定を請求することができ（ただし、企業価値担保権信託契約に別段の定めがあるときは当該定めによることになります。）、当該請求の時に元本は確定します（同条2項、3項）。

ウ　元本の確定事由

特定被担保債権の元本は、以下の場合に確定します（本法29条1項）。

①　企業価値担保権者が企業価値担保権の実行を申し立てたとき（実行手続開始の決定があったときに限ります。）

② 企業価値担保権者が他の企業価値担保権の実行手続開始の決定
があったことを知った時から2週間を経過したとき

③ 債務者が破産手続開始の決定を受けたとき

なお、②及び③について、実行手続開始の決定又は破産手続開始の
決定の効力が消滅したときは、元本が確定したものとして特定被担保
債権を取得した者がある場合を除き、特定被担保債権の元本は確定し
なかったものとみなされます（同条2項）。

(2) 趣旨・背景

企業価値担保権は、一定の範囲に属する不特定の債権を担保する点
で根抵当権に類似することから、根抵当権に関する規律を参考に、元
本確定期日等の定め、元本確定請求及び元本の確定事由に関する規定
が設けられています。

なお、根抵当権では、根抵当権設定者は、元本確定期日の定めがあ
る場合を除き、設定の時から3年を経過したときに元本の確定を請求
することができ、請求の時から2週間を経過することにより元本が確
定します（民法398条の19第1項、3項）。また、元本確定期日の定めが
ある場合に元本の確定請求が認められていないことから、債務者の担
保的負担が長期間継続することがないよう、元本確定期日は、約定の
日から5年以内である必要があります（民法398条の6第3項）。

他方、企業価値担保権では、元本確定期日の定めがある場合でも、
元本の確定を請求することができ、元本確定請求に係る期間制限は設
けられておらず、請求の時から1週間の経過により確定します。また、
元本確定期日の有無にかかわらず元本の確定を請求することができる
ことから、元本確定期日に係る期間制限は設けられていません。

Q29 企業価値担保権はどのような場合に消滅するのでしょうか。

A

(1) 概要

元本の確定後において、特定被担保債権の全部が消滅したときは、企業価値担保権も消滅します（本法30条）。なお、企業価値担保権は、債務者に対しては、その担保する特定被担保債権と同時でなければ、時効によって消滅しません（本法31条）。

(2) 趣旨・背景

企業価値担保権を活用する場合、債務者の事業計画に基づき、必要かつ十分な資金が融資されることが想定されます。当該事業計画が予定どおりに終期を迎えた場合、当該資金は完済されることになりますが、債務者としては、新たな事業計画に基づき新たな資金を調達しようと考えるケースが多いと考えられます。そこで、本法では、根抵当権の規律及び解釈を参考にしつつ、元本確定前に完済されたとしても企業価値担保権は消滅しないとすることで企業価値担保権を活用した資金調達を可能とするとともに、元本確定後に完済された場合には企業価値担保権が消滅することとされました[37]。

---

37 「論点整理2.0」20頁以下

Q30 実行手続の概要を教えてください。

A

　企業価値担保権の実行手続は、専属的な管理処分権を有する管財人が主導します。管財人は、事業の継続等に必要な商取引債権や労働債権等を優先して弁済しつつ、裁判所の許可を得た上で第三者に事業譲渡等を行い担保目的財産を換価するとともに、弁済を受けるべき債権者を調査・確定し、配当を実施します[38]。

　企業価値担保権は、総財産を担保目的財産とする点で企業担保権に類似していることから、企業価値担保権の実行手続については、企業担保法の実行手続を参考にした規律が設けられています。もっとも、企業担保権の実行手続は、事業継続を予定しておらず個別に財産を換価する点や裁判所が配当要求をした債権者に配当を行う点において企業価値担保権と性質を異にしており、これらの点については、破産法や会社更生法を参考にした規律が設けられています。

38　本法では採用されていませんが、立法段階では、事業価値の毀損を防止する観点から、より簡易迅速な実行手続の規律が検討されていました。具体的には、「事業者を支える融資・再生実務のあり方に関する研究会」では、経営者等の理解や協力が得られている場面を念頭に、裁判所の関与を必要としない「裁判外の手続（任意実行）」の導入が検討され（「論点整理2.0」90頁以下）、「WG報告書」では、主要な債権者間で実行手続中の弁済猶予が合意されている場合などを念頭に、弁済禁止効や強制執行等の停止・制限を伴わない「簡易な実行手続」の導入が提案されました（「WG報告書」22頁）。

81

Q31 執行事件の管轄を教えてください。

A

　執行事件（実行手続に係る事件をいいます（本法70条2項）。）を担当する裁判所の管轄は、専属管轄とされています（本法72条）。債務者の主たる営業所の所在地を管轄する地方裁判所が原則的な管轄裁判所ですが（本法71条1項）、手続の合理化及び迅速化の観点から、以下のとおり、管轄裁判所が拡大されています。

　第一に、債務者の本店所在地を管轄する地方裁判所にも実行手続開始の申立てをすることができます（同条2項）。

　第二に、法人と子株式会社（法人が株式会社の総株主の議決権の過半数を有する場合の法人を「親法人」といい、当該株式会社を「子株式会社」といいます。）又は孫株式会社（子株式会社又は親法人及び子株式会社が他の株式会社の総株主の議決権の過半数を有する場合の当該他の株式会社をいいます。）について、親法人の執行事件が係属している地方裁判所に子株式会社又は孫株式会社の実行手続開始の申立てをすることができ、子株式会社又は孫株式会社の執行事件が係属している地方裁判所に親法人の実行手続開始の申立てをすることができます（同条3項、4項）。

　第三に、株式会社が当該株式会社と他の法人に係る連結計算書類を作成し、かつ、当該株式会社の定時株主総会においてその内容が報告された場合には、当該株式会社の執行事件が係属している地方裁判所に当該他の法人の実行手続開始の申立てをすることができ、当該他の法人の執行事件が係属している地方裁判所に当該株式会社の実行手続

開始の申立てをすることができます（同条5項）。

　第四に、東京地方裁判所又は大阪地方裁判所に実行手続開始の申立てをすることができます（同条6項）。

　また、裁判所は、著しい損害又は遅滞を避けるため必要があると認めるときは、職権で、執行事件を、債務者の営業所を管轄する地方裁判所、債務者の財産の所在地（債権については裁判上の請求をすることができる地）を管轄する地方裁判所又は本法71条2項から6項までに規定する地方裁判所に移送することができます（本法73条）。

83

Q32 実行手続開始の申立ての手続を教えてください。

A

(1) 申立権者

　企業価値担保権の実行は、企業価値担保権者の実行手続開始の申立てによりなされます（本法83条1項）[39]。ただし、後順位の企業価値担保権者は、実行手続開始の申立てをすることができません（同条2項）。これは、実行手続を開始すべきか否かの判断は、債務者の事業に最も利害関係を有し、かつ、継続的に債務者を支援してきた第1順位の企業価値担保権者に委ねることが適切であるためと考えられます。

(2) 申立ての方式

　実行手続開始の申立ては、申立債権の内容及び原因、申立債権に係る企業価値担保権の内容並びに申立債権に係る弁済期の到来を明らかにする必要があり、申立人は、申立債権及び申立債権に係る企業価値担保権の存在並びに申立債権に係る弁済期の到来を証明しなければなりません（本法84条1項、2項）。

　開始決定直後から管財人が円滑に事業を継続するためには、裁判所が、債務者の事業の内容等を把握することが有用です。そのため、申立人は、債務者の目的その他の債務者の概要、債務者の事業の内容及

39　受託会社は、特定被担保債権の弁済期が到来した場合には、全ての特定被担保債権者の指図により、企業価値担保権の実行その他の必要な措置をとらなければなりません。ただし、企業価値担保権信託契約に別段の定めがある場合は、当該定めによることになります（本法61条）。

84

び状況並びに債務者の資産、負債その他の財産の状況を明らかにするよう努めなければなりません（同条3項）[40]。

　また、申立人は、実行手続開始の申立てをするときは、実行手続の費用として裁判所の定める金額を予納しなければなりません（本法85条1項）。

(3) 取下げの制限

　実行手続は、多数の利害関係人に影響を与える手続であることから、申立ての取下げには一定の制限が設けられており、実行手続開始の決定後に申立てを取り下げるためには、裁判所の許可を得る必要があります（本法86条1項）。また、最後配当、簡易配当又は同意配当の許可があった後は、申立てを取り下げることができません（同条2項）[41]。

　実行手続開始の申立てが取り下げられたときは、裁判所は、直ちにその旨を公告し、かつ、管財人、債務者及び知れている配当債権者等その他本法89条3項各号に掲げる者（申立人を除きます。）に対し通知しなければなりません。ただし、本法88条2項の規定に基づく通知を省略する旨の決定がある場合には、知れている配当債権者等に対する通知を要しません（本法86条3項）。

40　「WG報告書」19頁

41　最後配当、簡易配当又は同意配当の許可があった後の取下げが制限されることから、これらの許可があった後に、担保権の登記の抹消がされた債務者についての実行手続の停止の申立て又は実行手続の取消文書の提出があった場合でも、申立人の他に配当を受けるべき配当債権者等が存在するときは、管財人は配当を実施しなければなりません（本法168条1項）。一時停止文書の提出があった場合でも、管財人は、配当を実施しなければなりません（同条2項）。

Q33 実行手続開始の決定とこれに伴う効果について教えてください。

A

(1) 実行手続開始の決定

ア 実行手続開始の申立てに対する裁判

裁判所は、実行手続開始の申立てがあると、申立債権及び当該申立債権に係る企業価値担保権の存在並びに当該申立債権に係る弁済期の到来の証明（疎明ではありません。）があったときは、実行手続の費用の予納がないときを除き、実行手続開始の決定をします（本法87条1項）。当該決定は、その決定の時から効力が生じます（同条2項）[42]。

イ 同時処分

裁判所は、実行手続開始の決定と同時に、一人又は数人の管財人を選任し、かつ、劣後債権の届出期間及び配当債権の調査期間を定めなければなりません（本法88条1項）。裁判所は、知れている配当債権者等の数が1,000人以上であり、かつ、相当と認めるときは、知れている配当債権者等に対する通知等の一定の手続を省略する旨の決定をすることができます（同条2項）。

ウ 通知及び公告

裁判所は、実行手続開始の決定をしたときは、直ちに、主文、管財

---

42 執行事件に関する審理は、迅速性の観点から、口頭弁論を経る必要はなく、また、裁判所は、職権で、必要な調査をすることができます（本法74条）。

人の氏名又は名称、劣後債権の届出期間及び配当債権の調査期間、財産所持者等が債務者に財産を交付し又は弁済をしてはならない旨、簡易配当をすることが相当と認められる場合には簡易配当をすることにつき異議のある配当債権者等は配当債権の調査期間満了時までに異議を述べるべき旨を公告しなければなりません（本法89条1項）。本法88条2項の規定に基づく通知を省略する旨の決定がある場合には、知れている配当債権者等に対する通知をしない旨の公告も必要です（同条2項）。

　以上の公告事項については、申立人、管財人及び知れている配当債権者等、財産所持者等であって知れているもの、労働組合等に対し通知しなければなりません（同条3項）。

エ　不服申立て

　実行手続開始の申立てについての裁判に対しては、執行抗告をすることができます（本法90条1項）。執行抗告において、債務者は、企業価値担保権の不存在又は消滅を理由とすることができます（同条2項）。

　執行抗告があった場合において、実行手続開始の決定を取り消す決定が確定したときは、裁判所は、直ちにその主文を公告し、かつ、管財人、債務者及び知れている配当債権者等その他本法89条3項各号に掲げる者に対し通知しなければなりません。ただし、本法88条2項の規定に基づく通知を省略する旨の決定がある場合には、知れている配当債権者等に対する通知を要しません（本法90条3項）。

オ　実行手続の停止

　実行手続は、企業価値担保権の登記の抹消がされた債務者についての実行手続の停止の申立て又は次に掲げる文書の提出があったときは、停止します（本法91条1項）。

①　企業価値担保権のないことを証する確定判決の謄本又は記録事項証明書

②　企業価値担保権の登記を抹消すべき旨を命ずる確定判決の謄本又は記録事項証明書

③　企業価値担保権の実行をしない旨又は特定被担保債権者が特定被担保債権の弁済を受け、若しくは特定被担保債権の弁済の猶予をした旨を記載した裁判上の和解の調書その他の公文書の謄本又は電磁的記録（企業価値担保権の実行をしない旨又は特定被担保債権の弁済の猶予をした旨を記載又は記録をしたものにあっては、実行手続開始の決定前に作成されたものに限ります。）

④　実行手続の停止及び執行処分の取消しを命ずる旨を記載した裁判の謄本又は記録事項証明書

⑤　実行手続の一時の停止を命ずる旨を記載した裁判の謄本又は記録事項証明書

⑥　企業価値担保権の実行を一時禁止する裁判の謄本又は記録事項証明書

　裁判所は、実行手続の停止の申立て又は①から④の文書若しくは電磁的記録の提出があった場合、既にした執行処分を取り消さなければなりません（同条2項）。

　裁判所は、⑤又は⑥の文書の提出により実行手続が停止された場合において、必要があると認めるときは、当該文書に記載された停止又は禁止に係る期間が満了するまで管財人を当事者とする訴訟手続の中止を命ずることができ、また、当該中止命令を変更し又は取り消すことができます（同条3項、4項）。

　裁判所は、⑤又は⑥の文書の提出により実行手続が停止したとき、又は同条2項の規定により執行処分を取り消す決定が確定したときは、直ちにその旨を公告し、かつ、申立人、管財人及び知れている配当債

権者等、財産所持者等であって知れているもの、労働組合等に対し通知しなければなりません。ただし、本法88条2項の規定に基づく通知を省略する旨の決定がある場合には、知れている配当債権者等に対する通知を要しません（同条5項）。

なお、⑤又は⑥の文書の提出により実行手続が停止された場合でも、債務者の管理処分権は管財人に専属します。ただし、管財人が債務者の常務に属しない行為をするときは、裁判所の許可を得なければなりません（本法92条1項）。当該許可を得ないでした行為は無効となりますが、善意の第三者に対抗することはできません（同条2項）。

(2) 実行手続開始の決定に伴う効果

ア 弁済の禁止

企業価値担保権の被担保債権への優先弁済を確保する観点から、配当債権又は配当外債権については、実行手続開始後は、原則として、実行手続によらなければ、弁済等を受けることができません（本法93条1項）。

もっとも、事業の継続に必要な商取引債権等については、実行手続によらず随時に弁済することが事業継続に資する場合もあると考えられます。そのため、裁判所は、配当債権又は配当外債権について、債務者の事業の継続、債務者の取引先の保護その他の実行手続の公正な実施に必要があると認めるときは、管財人の申立てにより、その弁済をすることを許可することができます（同条2項）。

なお、租税等の請求権については、国税滞納処分（共益債権を徴収するためのものを除き、国税滞納処分の例による処分（共益債権及び共助対象外国租税の請求権を徴収するためのものを除きます。）を含みます。）のうち本法96条3項の規定により続行が命じられたもの、国税滞納処分による差押えを受けた債務者の債権の第三債務者が国税滞納

89

処分の失効中に徴収の権限を有する者に対して任意にした給付又は徴収の権限を有する者による還付金、過誤納金の充当、管財人が裁判所の許可を得てした弁済により消滅する場合には、弁済禁止の規定は適用されません（同条3項）。

イ　相殺権及び相殺禁止

(ア)　相殺権

実行手続開始後は、配当債権者及び配当外債権者は債権を消滅させる行為をすることができませんが（本法93条1項）、相殺適状になっている場合には、配当債権者又は配当外債権者の相殺への期待を保護する必要があります。そこで、以下の場合においては、実行手続によらず相殺することができることとされています（本法94条）。

①　配当債権者が実行手続開始当時債務者に対して債務（期限付債務を含みます。）を負担する場合において、債権及び債務の双方が債権届出期間の満了前に相殺適状となったとき（相殺は債権届出期間内に限ります。）[43]

②　配当外債権者が実行手続開始当時債務者に対して債務（期限付債務を含みます。）を負担するとき

③　配当債権者又は配当外債権者が実行手続開始当時債務者に対して負担する債務が賃料債務である場合には、実行手続開始後にその弁済期が到来すべき賃料債務（債権届出期間の満了後にその弁済期が到来すべきものを含みます。）（実行手続開始の時における

---

[43]　配当債権については、いつでも相殺が可能であるとすると実行手続に支障が生じる可能性があることから、債権届出期間前に相殺適状になること、及び債権届出期間内に相殺をすることが必要とされています。他方、配当外債権については、実行手続において配当を受けることが想定されていないため、こうした要件は設けられていません。

賃料の6月分に相当する額が限度となります。配当債権者による相殺は債権届出期間内に限ります。）

　なお、上記③において、配当債権者又は配当外債権者が、実行手続開始後にその弁済期が到来すべき賃料債務について、実行手続開始後その弁済期に弁済をしたときは、配当債権者又は配当外債権者が有する敷金の返還請求権は、実行手続開始の時における賃料の6月分に相当する額（③により相殺をする場合には、相殺により免れる賃料債務の額を控除した額）の範囲内におけるその弁済額を限度として、共益債権となります（同条4項）。

㋑　相殺禁止

　配当債権者又は配当外債権者は、実行手続開始後に債務者に対して債務を負担した場合には、相殺をすることができません。ただし、配当債権者が担保目的財産の換価として行われた事業譲渡に係る譲受人として債務を負担した場合において、裁判所の許可を得たときは、相殺することができます（本法95条1項）。

　債務者に対して債務を負担する者は、実行手続開始後に他人の配当債権又は配当外債権を取得した場合には、相殺をすることができません（同条2項）。

ウ　他の手続等の失効

㋐　他の手続等の失効

　実行手続開始後に担保目的財産に対する強制執行等を認めると、事業が解体され、事業譲渡による換価が困難となるおそれがあります。

　そのため、実行手続開始の決定があったときは、担保目的財産に対する強制執行等（配当債権若しくは配当外債権に基づく強制執行、仮差押え、仮処分若しくは担保権の実行又は配当債権若しくは配当

外債権を被担保債権とする留置権による競売をいいます。)、企業担保権の実行、国税滞納処分(共益債権を徴収するためのものを除き、国税滞納処分の例による処分(共益債権及び共助対象外国租税の請求権を徴収するためのものを除きます。)を含みます。)、外国租税滞納処分(共助対象外国租税の請求権に基づき国税滞納処分の例によってする処分(共益債権を徴収するためのものを除きます。)をいいます。)又は配当債権若しくは配当外債権に基づく財産開示手続若しくは第三者からの情報取得手続の申立てはすることができません(本法96条1項)。

また、担保目的財産に対して既にされている強制執行等の手続、企業担保権の実行の手続、国税滞納処分、外国租税滞納処分並びに配当債権又は配当外債権に基づく財産開示手続及び第三者からの情報取得手続は、実行手続の関係においては、失効します。ただし、強制執行等の進捗や売却見込額次第では、強制執行等の手続により財産を換価する方がメリットが大きいと考えられる場合も想定されるため、管財人において仮差押え又は仮処分を除く強制執行等の手続を続行することが認められています(同条2項)。

実行手続では、全ての担保目的財産が処分されるべきであることから、続行された強制執行等の手続については、無剰余取消の規律は適用されません(同条7項)。また、続行された強制執行等に対する第三者異議の訴えにおける被告適格は、管財人にあります(同条8項)。

また、裁判所は、債務者の事業の継続及び換価に支障を来さないと認めるときは、管財人若しくは租税等の請求権につき徴収の権限を有する者の申立てにより又は職権で、失効した国税滞納処分又は外国租税滞納処分の続行を命ずることができます(同条3項)[44]。

なお、優先担保権(実行手続開始当時債務者の財産につき存する

担保権のうち申立人の企業価値担保権に優先するものであって、重複担保権に該当しないものをいいます（本法70条8項)。）は、実行手続によらずに行使することができることから（本法108条1項)、手続の失効等に関する規律は適用されません（本法96条9項)。

(イ)　続行された強制執行等における配当の取扱い

実行手続では債権の弁済が原則として禁止されているため、本法96条2項ただし書又は3項の規定により強制執行等の手続が続行した場合であっても、続行された処分における租税等の請求権を除き、配当等を実施することはできません（本法97条1項)。

当該強制執行等の手続（配当債権又は配当外債権を被担保債権とする留置権による競売手続を除きます。）又は処分において、配当等に充てるべき金銭が生じたときは、管財人に対して、当該金銭に相当する額の金銭が交付されます（同条2項)。ただし、金銭の交付前に実行手続が終了したときは、原則として、強制執行等の手続において配当等が実施されます（同条3項)。

エ　訴訟手続等の取扱い

(ア)　訴訟手続

実行手続開始の決定により、担保目的財産の管理処分権は管財人に移転し、債務者の財産関係の訴えについては管財人が当事者適格を有します。そのため、債務者の財産関係の訴訟手続は、中断します（本法98条1項)。

管財人は、中断した訴訟手続のうち配当債権に関しないものを受継することができ、受継の申立ては相手方もすることができます（同

44　同条2項ただし書又は3項の規定により続行された手続又は処分に関する債務者に対する費用請求権は、共益債権となります（同条4項)。

条2項）。この場合における相手方の債務者に対する訴訟費用請求権は、共益債権となります（同条3項）。なお、配当債権に関するものについては、実行手続内で調査・確定されるべきものですので、受継することはできません。

　管財人を当事者とする訴訟手続が係属している間に実行手続が終了すると、管財人は当事者適格を失うため、訴訟手続は中断します（同条4項）。この場合、債務者は、中断した訴訟手続を受継しなければならず、受継の申立ては相手方もすることができます（同条5項）。

　また、実行手続開始の決定により中断した訴訟手続について管財人が受継するまでに実行手続が終了したときは、債務者は、訴訟手続を当然に受継します（同条6項）。

　以上の規定は、債務者の財産関係の事件で行政庁に係属するものについて準用されます（本法100条）。

(イ)　債権者代位訴訟

　債権者代位訴訟は、債務者が当事者となっているものではありませんが、債務者の責任財産を保全するための手続であることに鑑み、債務者を当事者とする訴訟手続と同様の規定が設けられています。

　すなわち、配当債権者又は配当外債権者が第三者に対して提起した債権者代位訴訟は、実行手続開始当時係属するときは、中断します（本法99条1項）。

　管財人は、中断した債権者代位訴訟を受継することができ、受継の申立ては相手方もすることができます（同条2項）。この場合における相手方の配当債権者又は配当外債権者に対する訴訟費用請求権は、共益債権となります（同条3項）。

　中断した債権者代位訴訟について受継があった後に実行手続が終了した場合、訴訟手続は中断します（同条4項）。この場合、配当債権者又は配当外債権者は、中断した訴訟手続を受継しなければなら

ず、受継の申立ては相手方もすることができます（同条5項）。

　また、実行手続開始の決定により中断した債権者代位訴訟について管財人が受継するまでに実行手続が終了したときは、配当債権者又は配当外債権者は、訴訟手続を当然に受継します（同条6項）。

オ　債務者が手続後にした法律行為

　実行手続開始の決定により担保目的財産の管理処分権が管財人に移転することから、債務者が実行手続開始後に担保目的財産に関してした法律行為は、実行手続の関係において、その効力を主張することができません（本法101条1項）。

　なお、債務者が実行手続開始の日にした法律行為は、先後関係について争いが生じ得ることから、実行手続開始後にしたものと推定する旨の規定が置かれています（同条2項）。

カ　実行手続開始後の権利取得

　実行手続開始後に担保目的財産に関して管財人又は債務者の法律行為によらないで権利を取得しても、その権利の取得は、実行手続の関係においては、その効力を主張することができません（本法102条1項）。

　なお、実行手続開始の日における権利取得については、債務者が手続開始後にした法律行為と同様の推定規定が置かれています（同条2項）。

キ　実行手続開始後の登記及び登録

　不動産又は船舶に関し実行手続開始前に生じた登記原因に基づき実行手続開始後にされた登記又は不動産登記法105条一号仮登記は、実行手続の関係においては、登記権利者が実行手続開始の事実について善意であった場合を除き、その効力を主張することができません（本

95

法103条1項）。当該規定は、権利の設定、移転若しくは変更に関する登録若しくは仮登録又は企業担保権若しくは企業価値担保権の設定、移転若しくは変更に関する登記について準用されます（同条2項）。

なお、登記権利者の善意悪意については、実行手続開始の公告の前においてはその事実を知らなかったものと推定し、当該公告の後においてはその事実を知っていたものと推定されます（本法105条）。

ク　債務者に対する弁済の効力

実行手続開始後は、担保目的財産に属する債権の債務者（第三債務者）は、管理処分権を有する管財人に弁済する必要があります。もっとも、実行手続開始の決定は、決定と同時にその効力が生じるため、実行手続開始を知らずに弁済をした第三債務者を保護する必要があります。そのため、第三債務者が、実行手続開始の事実を知らないで債務者にした弁済は、実行手続の関係においても、その効力を主張することができます（本法104条1項）。他方、第三債務者が実行手続開始の事実を知りながら債務者に弁済した場合には、担保目的財産が利益を受けた限度で、実行手続の関係において、その効力を主張することができます（同条2項）。

なお、第三債務者の善意悪意については、実行手続開始の公告の前においてはその事実を知らなかったものと推定し、当該公告の後においてはその事実を知っていたものと推定されます（本法105条）。

ケ　共有関係

担保目的財産に属する共有物について、不分割の同意がある場合に分割請求ができないこととすると、迅速かつ高価な換価が妨げられる可能性があります。そのため、管財人は、不分割の同意がある場合でも、共有物の分割を請求することができることとされています（本法

106条1項)。この場合において、他の共有者は、共有物分割による不利益を回避する手段として、相当の償金を支払って債務者の持分を取得することが認められています（同条2項）。

コ　取戻権

　実行手続における換価の対象が債務者の財産に限られる以上、債務者に属しない財産について所有権等を有している第三者が、当該財産を取り戻すことができるのは当然です。もっとも、取り戻す手続として、強制執行の場面のように第三者異議の訴えという方式を要求すると、実行手続に遅れが生じ、事業価値が毀損する可能性があります。

　そのため、実行手続の開始は、債務者に属しない財産を債務者から取り戻す権利に影響を及ぼさないこととされ、訴えの方式によることなく、取戻権を行使することができることとされました（本法107条1項）。

　なお、取戻権については、破産法63条1項及び3項（運送中の物品の売主等の取戻権）、64条（代償的取戻権）の規定が準用されます（本法107条2項）。

サ　優先担保権の行使

　優先担保権は、実行手続によらないで、行使することができます（本法108条1項）。

　また、優先担保権者は、優先担保権の目的財産が管財人による任意売却等により債務者の財産に属しないこととなった場合でも、当該優先担保権が存続する限りは、当該優先担保権を、実行手続によらないで、行使することができます（同条2項）。

Q34 管財人の選任や職務について教えてください。

A

(1) 管財人の選任等

　管財人は、裁判所が、申立人の意見を聴いた上で選任します（本法109条1項）。裁判所の監督に服し、解任権も裁判所にあります（本法110条）。

　裁判所が複数の管財人を選任することも可能であり、また、管財人が裁判所の許可を得た上で管財人代理を選任することも認められています（本法112条）。

(2) 管財人の職務

　管財人は、事業価値を維持しつつより高価に担保目的財産を換価することが求められます。本法では、管財人が適切に職務を全うできるよう、様々な義務及び権限が定められています。

ア　管財人の主な義務

　実行手続が全ての利害関係人に対し重大な影響を与えるものであることを踏まえると、管財人は、中立公正な立場からその職務を行うべきであると考えられます。そのため、管財人は、企業価値担保権者や債務者のみならず、全ての利害関係人に対し、善管注意義務を負うこととされています（本法121条）。

　管財人は、就職の後直ちに債務者の業務及び担保目的財産の管理に着手しなければなりません（本法114条）。実行手続では、担保目的財

産の状況を正確に把握する必要がありますので、管財人は、実行手続開始後遅滞なく、担保目的財産の価額の評定を行い、評定を完了したときは貸借対照表及び財産目録を作成し、これらを裁判所に提出しなければなりません（本法125条）。また、裁判所による監督を実効的なものとするため、実行手続開始後遅滞なく、業務状況等実行手続に必要な事項を記載した報告書を裁判所に提出する必要もあります（本法126条）。

　管財人が事業を継続しその換価をするためには、労働者に情報を提供し、その理解と協力を得ることも重要です。そのため、管財人は、労働組合等に対し、債務者の使用人その他の従業者の権利の行使に必要な情報を提供するよう努めなければなりません（本法122条）。

　担保目的財産の換価も重要な職務です。管財人は、事業活動の一環として個別に財産を換価するとともに、配当に供するため、裁判所の許可を得て、事業譲渡を行います（本法157条1項、2項）。

　また、配当債権者等に配当を実施する前提として、配当債権の内容を確定しなければなりません。管財人は、配当債権の調査・確定手続に関与することが求められ、認否書を作成するほか(139条1項)、配当債権査定手続や査定決定に対する異議訴訟等において一方当事者となることもあります（本法144条1項。145条4項等）。

　担保目的財産を換価し、かつ、配当債権の調査・確定手続を経た後、管財人は、裁判所の許可を得て、配当債権者等に対する配当を実施します（本法169条1項等）。

　管財人の任務が終了した場合、管財人は、遅滞なく、裁判所に計算の報告をしなければなりません（本法124条1項）。

イ　管財人の主な権限

　実行手続開始の決定により、管財人は、専属的な事業の経営権及び

担保目的財産の管理処分権を有し（本法113条1項）、債務者の財産関係の訴えについて当事者適格を有することになります（本法115条）。裁判所は、必要があると認めるときは、一定の重要な行為（財産の譲受け、借財、訴えの提起、和解又は仲裁合意、権利の放棄、共益債権・取戻権・優先担保権の承認、優先担保権の目的財産の受戻し、裁判所の指定する行為）について、裁判所の許可を要するとすることができます（本法113条条2項）。

　郵便物等の管理について、裁判所は、管財人の職務の遂行のため必要があると認めるときは、信書の送達の事業を行う者に対し、債務者に宛てた郵便物等を管財人に配達すべき旨を嘱託することができます（本法116条1項）。管財人は、債務者に宛てた郵便物等を受け取ったときは、これを開いて見ることができます（本法117条1項）。なお、債務者は、管財人に対し、管財人が受け取った前項の郵便物等の閲覧又は当該郵便物等で担保目的財産に関しないものの交付を求めることができます（同条2項）。

　管財人は、債務者の役職員及び代理人等並びにその子会社に対し、その業務及び財産の状況につき報告を求め、帳簿及び書類等を検査することができます（本法118条1項、3項）。また、認定事業性融資推進支援機関に対して、債務者の業務及び財産の状況につき報告を求めることもできます（同条2項）。

Q35 共益債権について教えてください。

A

(1) 共益債権の意義及び種類

　共益債権は、「実行手続によらないで担保目的財産から随時弁済を受けることができる債権」と定義されます（本法70条6項）。

　主要な共益債権としては、以下のものが挙げられます。

① 配当債権者等の共同の利益のためにする裁判上の費用の請求権（本法127条一号）

② 実行手続開始後の債務者の事業の経営並びに担保目的財産の管理及び処分に関する費用の請求権（同条二号）

③ 管財人の報酬金請求権、担保目的財産が配当債権の確定に関する訴訟（配当債権査定申立てについての決定を含みます。）によって利益を受けた場合における異議を主張した申立債権者等の訴訟費用償還請求権（利益の限度）（同条三号）

④ 債務者の業務及び財産に関し管財人が権限に基づいてした資金の借入れその他の行為によって生じた請求権（同条四号）

⑤ 事務管理又は不当利得により実行手続開始後に債務者に対して生じた請求権（同条五号）

⑥ 債務者のために支出すべきやむを得ない費用の請求権で、実行手続開始後に生じたもの（①から⑤を除きます。）（同条六号）

⑦ 賃借人である配当債権者又は配当外債権者が、実行手続開始後にその弁済期が到来すべき賃料債務を実行手続開始後その弁済期に弁済をした場合に、配当債権者又は配当外債権者が有する敷金

返還請求権（賃料6月分に相当する額）（本法94条4項）。

⑧　本法96条2項ただし書又は3項の規定により続行された手続又は処分に関する債務者に対する費用請求権（同条4項）

⑨　管財人が実行手続開始の決定により中断した訴訟手続を受継した場合における、相手方の債務者に対する訴訟費用請求権（本法98条3項）

⑩　管財人が実行手続開始の決定により中断した債権者代位訴訟を受継した場合における、相手方の配当債権者又は配当外債権者に対する訴訟費用請求権（本法99条3項）

⑪　債務者に対して実行手続開始前の原因に基づいて生じた源泉徴収に係る所得税等及び特別徴収義務者が徴収して納入すべき地方税の請求権（本法128条）

⑫　実行手続開始前6月間の使用人の給料請求権及び実行手続開始前の原因に基づいて生じた使用人の身元保証金返還請求権（本法129条1項）

⑬　最後配当、簡易配当又は同意配当に係る裁判所の許可の前に退職した債務者の使用人の退職手当請求権（退職前6月間の給料の総額に相当する額又はその退職手当の額の3分の1に相当する額のいずれか多い額、定期金債権である場合は各期における定期金につき、その額の3分の1に相当する額）（同条2項、3項）

⑭　実行手続開始前の原因に基づいて生じた債務者の使用人の預り金の返還請求権（実行手続開始前6月間の給料の総額に相当する額又はその預り金の額の3分の1に相当する額のいずれか多い額）（同条5項）

⑮　実行手続開始の決定の取消し若しくは実行手続廃止の決定が確定した場合又は実行手続開始の申立てが取り下げられた場合において、担保目的財産の換価により消滅した劣後担保権に係る劣後

102

債権（当該劣後担保権の目的財産の価額が実行手続開始の時における処分価格であるとした場合における当該劣後担保権によって担保された範囲）（本法160条4項）

⑯ 実行手続開始の決定があり、かつ、破産手続開始の決定があった場合において、破産管財人が双方未履行双務契約を解除したときに、相手方が有する反対給付の価額償還請求権（本法200条5項）

⑰ 実行手続開始の決定があり、かつ、破産手続開始の決定があった場合において、破産手続において否認権が行使されたときに、相手方が有する反対給付の価額償還請求権又は現存利益の返還請求権（本法204条3項）

(2) 共益債権の取扱い

ア 共益債権の弁済

共益債権は、配当債権に先立って弁済されます（本法130条1項）。

イ 共益債権に基づく強制執行及び仮差押え

共益債権が実行手続によらずに随時に弁済されるという性質を有すること、及び実行手続においては事業の継続が予定されており、通常であれば共益債権は弁済期に全額弁済されると考えられることから、共益債権に基づく強制執行及び仮差押えは禁止されていません。もっとも、強制執行及び仮差押えを無制限に認めると、事業が解体され、事業の継続や換価に支障が生じるおそれがあります。そのため、共益債権に基づく強制執行又は仮差押えが債務者の事業の継続又は換価に著しい支障を及ぼし、かつ、債務者が他に換価の容易な財産を十分に有するときは、裁判所は、実行手続開始後において、管財人の申立てにより又は職権で、担保を立てさせて、又は立てさせないで、その強制執行又は仮差押えの中止又は取消しを命ずることができることとさ

れています（同条2項）。

　なお、担保目的財産が共益債権の総額を弁済するのに足りないこと
が明らかになった場合、裁判所は、管財人の申立てにより又は職権で、
共益債権に基づき債務者の財産に対してされている強制執行又は仮差
押えの手続の取消しを命ずることができます（本法131条3項）。

　以上の規律は、共益債権である共助対象外国租税の請求権に基づき
債務者の財産に対し国税滞納処分の例によってする処分がされている
場合におけるその処分の中止又は取消しについても、同様です（本法
130条2項、131条3項）。

ウ　費用不足の場合の共益債権の順位

　担保目的財産が共益債権の総額を弁済するのに足りないことが明ら
かになった場合、共益債権のうち、配当債権者等の共同の利益のため
にする裁判上の費用の請求権、実行手続開始後の債務者の事業の経営
並びに担保目的財産の管理及び処分に関する費用の請求権、管財人の
報酬金請求権、実行手続廃止の決定等が確定した場合における担保目
的財産の換価により消滅した劣後担保権に係る劣後債権が優先的に弁
済されます（本法131条2項）。

　次に、その他の共益債権について、法令に定める優先権にかかわら
ず、債権額の割合により弁済されます。なお、共益債権について留置
権、特別の先取特権、質権及び抵当権が存在する場合には、その効力
が認められます（同条1項）。

Q36 実行手続において、労働債権はどのように保護されているのでしょうか。

A

(1) 労働債権への弁済

債務者の事業価値を維持するためには、事業を支える労働者の存在が不可欠です。そのため、実行手続において、一定の労働債権は、共益債権として保護されています。具体的には、実行手続開始後に発生した労働債権及び実行手続開始前6月間の給料の請求権等が共益債権として優先的に弁済されます（本法127条二号、129条）。

また、共益債権に含まれない労働債権であっても、債務者の事業の継続、債務者の取引先の保護その他の実行手続の公正な実施に必要があるものとして裁判所が許可した場合には、弁済されることになります（本法93条2項）。

(2) 労働組合に対する意見聴取等

実行手続における事業譲渡が労働者に重大な影響を与えること、及び迅速かつ適切な事業譲渡を実現するためには労働者の理解と協力を得ることが不可欠であることから、実行手続では、以下のとおり、労働組合等に対する情報提供や意見聴取等の手続的規律が設けられています[45]。

① 裁判所は、実行手続開始の決定をした時には、労働組合等に、公告すべき事項を通知しなければなりません（本法89条3項三号）

② 管財人は、労働組合等に対し、債務者の使用人その他の従業者の権利の行使に必要な情報を提供するよう努めなければなりませ

105

ん（本法122条）[46]

③　裁判所は、営業又は事業の譲渡の許可をする場合、労働組合等
の意見を聴かなければなりません（本法157条4項二号）

---

45 「WG報告書」34頁では、企業価値担保権を巡る労使間の紛争を防止する観
点から、企業価値担保権の目的に労働契約上の使用者の地位が含まれるとして
も企業価値担保権者は労働条件等について決定する等の権限を有するものでは
ないこと、企業価値担保権設定の目的は企業価値担保権者が労働条件等に影響
を及ぼすことではないこと、労働者の理解と協力を得て、紛争を防止する観点
から、設定の際における労働組合等への説明を行うことが望ましいことなどに
ついて、政府において、事業者、労働組合、金融機関等向けの説明会を地域別
に開催することなどを通じて、積極的に周知・広報を図るとされています。企
業価値担保権が適切に活用されるためには、金融機関や債務者のみならず、労
働者や商取引先を含む関係者が企業価値担保権の趣旨を理解することが不可欠
であり、継続的にこうした周知・広報がなされることが期待されます。

46 労働組合等に対し提供すべき情報としては、担保権実行手続の概要や事業承
継先選定に当たっての原則、実行後における譲渡会社での破産手続の開始の見
込みや破産手続の概要等が想定されています（「WG報告書」32頁）。

106

Q37 担保目的財産の換価の方法や手続を教えてください。

A

(1) 換価の方法

　企業価値担保権の実行手続が開始した後も、債務者の事業は継続することが想定されていますので、担保目的財産の換価を検討するにあたっては、担保権の実行としての換価と事業活動の一環として行われる換価を区別する必要があります。

　まず、担保権の実行としての換価については、事業の成長を支えるという企業価値担保権の趣旨を踏まえれば、原則として事業の一体性は確保されるべきであると考えられます。もっとも、業種や業態、事業の状況によっては、事業の譲渡が困難であることも想定されますので、一定の場合には個別財産の換価を認める必要があります。

　次に、事業活動の一環として行われる換価については、事業価値の維持・向上の観点からは、適時適切に行われるような仕組みを設ける必要があります。

　以上の観点から、本法では、換価の方法について、以下の規律が設けられています。

　まず、担保目的財産の換価は、裁判所の許可を得て、営業又は事業の譲渡によって行います（本法157条1項）。裁判所が当該許可をする場合には、知れている配当債権者及び労働組合等の意見を聴く必要があります（同条4項）。なお、この場合において、債務者の株主総会決議は不要であり、反対株主の株式買取請求手続は認められません（同条6項）。

107

また、管財人は、必要があると認めるときは、担保目的財産に属する財産について、裁判所の許可を得て、強制執行手続に関する法令の規定による方法又は任意売却によって換価することもできます。もっとも、以下の場合には、裁判所の許可は不要です（同条2項）。

① 債務者の常務に属する任意売却をするとき[47]

② 裁判所が許可を要しないとしたとき

(2) 換価の効果

ア 財産の取得時期

担保目的財産が換価された場合、譲受人は、代金の支払いをした時に、その財産を取得します。ただし、強制執行手続に関する法令の規定による方法により換価された場合には、当該法令の規定に従い権利を取得することになります（本法158条）。

イ 許認可等の承継

営業又は事業の譲渡により担保目的財産が換価された場合、許認可が承継されなければ、譲受人が事業活動を継続することが困難となるおそれがあります。そこで、本法では、円滑な事業譲渡を実現する観点から、個別の法令で禁止されていない限り、担保権の実行により許認可を承継することができる仕組みが設けられました。

具体的には、管財人は、営業又は事業の譲渡をしようとする場合に

---

47 更生手続において、「常務」（会社更生法32条1項）とは、事業の遂行にともなって必然的に生じる事務を意味し、通常の程度の原材料の仕入れや弁済期の到来した債務の弁済などが該当し、重要な財産の売却や多額の借財など、通常の業務外の事項は該当しないと解されているところ（伊藤眞「会社更生法・特別清算法」（有斐閣）88頁）、本法における「常務」についても、同様に解釈されると考えられます。

108

は、裁判所に対し、許認可等に基づく権利義務を譲受人に承継させることについて許可の申立てをすることができます（本法159条1項）。裁判所は、許認可等をした行政庁の意見を聴き、行政庁が許認可等の承継に反対する旨の意見を述べなかった場合には、許可をしなければなりません（同条2項、3項）。当該許可があった場合、譲受人は、他の法令に禁止の定めがある場合を除き、代金を支払った時に、許認可等に基づく権利義務を承継します（同条4項）。

ウ　劣後担保権の消滅

　本法では、劣後担保権及び重複担保権については消除主義、留置権については引受主義が採用されています。すなわち、劣後担保権（企業価値担保権を除きます。）及び重複担保権は、強制執行手続に関する法令の規定による方法により換価された場合を除き、当該劣後担保権又は当該重複担保権の目的財産の換価により消滅します（本法160条1項）。留置権については、譲受人は、これにより担保される債権を弁済する責任を負います（同条2項）。ただし、利害関係を有する者の全員が、換価に係る裁判所の許可がされる時までに、裁判所に対し、異なる合意をした旨の届出をしたときは、当該合意に従い権利変動が生じることとなります（同条3項）。

　なお、劣後担保権が消滅した場合、配当に至ることなく実行手続が終了したときは、当該劣後担保権を保護する必要があります。そのため、実行手続開始の決定の取消し若しくは実行手続廃止の決定が確定した場合又は実行手続開始の申立てが取り下げられた場合、消滅した劣後担保権に係る劣後債権を有する劣後債権者があるときは、当該劣後債権は、当該劣後担保権によって担保される範囲内で、共益債権とされています（同条4項）。

エ　登記の抹消

　管財人は、担保目的財産が換価された場合（強制執行手続に関する法令の規定による方法による換価を除きます。）、その代金の支払いがあったときは、遅滞なく、換価により消滅した劣後担保権又は重複担保権に係る登記及び実行手続開始の決定により失効した差押え、仮差押え又は仮処分に係る登記の抹消を申請しなければなりません（本法161条1項）。登記の抹消に要する費用は、譲受人の負担となります（同条2項）。

(3) 優先担保権の取扱い

　優先担保権の目的財産について強制執行手続に関する法令の規定による方法により換価する場合、本法157条2項は適用されません。もっとも、当該財産について余剰価値がある場合には、当該余剰価値分は本来配当債権者等に配当されるべきといえます。

　そのため、管財人は、優先担保権者が被担保債権の全部の弁済を受けることが明らかである場合に限り、裁判所の許可を得て、強制執行の手続に関する法令の規定による方法により換価することが認められています（本法162条1項）。この場合において、優先担保権者が受けるべき金額がまだ確定していないときは、管財人は、代金を寄託しなければなりません（同条2項）。

　また、優先担保権者が法律に定められた方法によらないで優先担保権の目的財産の処分をする権利を有する場合には、その処分により被担保債権の全部の弁済を受けることが明らかである場合に限り、裁判所は、管財人の申立てにより、優先担保権者がその処分をすべき期間を定めることができ、優先担保権者は、当該期間内に処分をしないときは、上記権利を失います（本法163条1項、2項）。

Q38 債権調査・確定手続について教えてください。

A

(1) 概要

　企業価値担保権の実行手続では、「配当債権者等」が配当を受けることとされています。「配当債権者等」とは、「配当債権者」（配当債権を有する者）及び「企業価値担保権者」と定義され（本法70条15項）、配当債権は、申立債権、劣後債権又は租税等の請求権と定義されます（同条13項、各文言の定義は次のとおりです。）。本法では、配当債権に係る調査・確定の手続が設けられています。

　・申立債権（同条5項）

　　申立人の企業価値担保権の特定被担保債権であって共益債権に該当しないもの

　・劣後債権（同条11項）

　　劣後担保権[48]の被担保債権（劣後担保権が企業価値担保権である場合は特定被担保債権）であって共益債権に該当しないもの

　・租税等の請求権（同条18項）[49]

　　国税徴収法又は国税徴収の例によって徴収することのできる請求

48　「劣後担保権」とは、実行手続開始当時債務者の財産につき存する担保権（一般の先取特権、企業担保権及び留置権を除きます。）のうち、申立人の企業価値担保権に劣後するもの又は当該企業価値担保権と同一順位のものであって、重複担保権に該当しないものをいいます（同条10項）。

49　租税等の請求権及び共助対象外国租税の請求権については、以下に説明する債権届出・調査・確定等の手続（劣後担保権の目的財産の価額の調査及び確定の手続に関する部分を除きます。）は適用されません（本法156条1項）。

111

権（共助対象外国租税の請求権を除きます。）であって、共益債権に該当しないもの

(2) 債権届出

　裁判所は、実行手続開始の決定と同時に劣後債権の届出期間及び配当債権の調査期間を定め（本法88条1項）、届出期間を公告し、知れている配当債権者等に対し通知します（本法89条1項、3項）。実行手続に参加しようとする劣後債権者は、この債権届出期間内に債権届出をする必要があります（本法132条）[50]。

　劣後債権者がその責めに帰することができない事由により債権届出期間内に劣後債権の届出をすることができなかった場合には、その事由が消滅した後1月以内に限り、その届出をすることができます。また、債権届出期間の経過後に生じた劣後債権については、その権利の発生した後1月の不変期間内に、届出をする必要があります（本法133条）。

(3) 電子配当債権者表の作成

　裁判所書記官は、申立債権及び届出があった配当債権について、電子配当債権者表を作成しなければなりません（本法137条1項）。電子配当債権者表には、各配当債権の内容等が記録されます（同条2項）。

50　劣後債権の届出においては、劣後債権の内容及び原因並びに劣後担保権の内容、劣後担保権の目的である財産及びその価額（劣後担保権が企業価値担保権である場合にあっては、劣後担保権の目的である財産）、その他最高裁判所規則で定める事項を届け出る必要があります。なお、同一の財産を担保権の目的とする複数の劣後債権の届出があった場合において、届出価額が異なるときは、低い価額を届け出た劣後債権者は、それを上回る価額を届け出た劣後債権者の届出価額のうち最も高い価額と等しい価額で届け出たものとみなされます（本法135条）。

⑷ 債権調査

電子配当債権者表が作成されると、裁判所による配当債権の調査が実施されます。配当債権の調査は、管財人が作成した認否書並びに配当債権者及び債務者の書面による異議に基づいて行われます（本法138条）。

管財人は、申立債権及び債権届出期間内に届出があった配当債権について認否書を作成しなければなりません（本法139条1項）。本法133条1項若しくは3項の規定により届出があった配当債権又は同条4項の規定により変更があった配当債権についても、その認否を認否書に記載することができます（同条2項）。管財人は、一般調査期間前の裁判所の定める期限までに、認否書を裁判所に提出しなければなりません。認否書に認否を記載すべき事項について認否の記載がないときは、管財人は当該事項を認めたものとみなされます（同条4項）。同条2項の規定により認否を記載することができる配当債権について、一部の事項について認否の記載があるときは、管財人は認否の記載がない事項を認めたものとみなされます（同条5項）。

申立債権者等（申立債権を有する者又は配当債権の届出をした配当債権者）は、認否の対象となる配当債権の届出事項について、一般調査期間内に、裁判所に対して、書面で異議を述べることができます（本法140条1項）。また、債務者も、一般調査期間内に、裁判所に対して、配当債権の内容について、書面で異議を述べることができます（同条2項）[51]。

特別調査期間における調査も、一般調査期間における調査と同様に行われます（本法141条）。なお、特別調査期間に関する費用は、調査の対象となった配当債権を有する者の負担とされています（同条2項）。

---

51 債務者の異議は、配当債権の確定を妨げるものではありません。

特別調査期間が定められた場合、裁判所書記官は、相当の期間を定め、当該配当債権を有する者に対し、費用の予納を命じなければならず、当該費用が予納されないときは、裁判所は、その者がした配当債権の届出等を却下しなければなりません（本法142条1項、5項）。

(5) 配当債権の確定

認否書に記載された配当債権の内容等は、配当債権の調査において、管財人が認め、かつ、申立債権者等が一般調査期間内又は特別調査期間内に異議を述べなかったときは確定します（本法143条1項）。

また、劣後担保権の目的である財産の価額について、配当債権の調査において、管財人が認めず、又は申立債権者等が異議を述べたときは、価額決定の申立てがなされた場合を除き、当該管財人又は当該異議を述べた申立債権者等が述べた財産の価額のうち、最も低いものにより確定します。

ア　配当債権査定申立て及び配当債権査定異議の訴え

(ア)　配当債権査定申立て

配当債権の内容について管財人が認めず又は申立債権者等が異議を述べた場合、異議等のある配当債権を有する配当債権者は、異議者等（当該管財人及び異議を述べた申立債権者等）の全員を相手方として、配当債権査定申立てを行うことができます（本法144条1項）。配当債権査定申立ては、異議等のある配当債権に係る一般調査期間又は特別調査期間の末日から1月の不変期間内にする必要があります（同条2項）。裁判所は、申立てを不適法として却下する場合を除き、異議者等の審尋を経た上で、配当債権査定決定をします（同条3項、4項）。配当債権査定決定があった場合には、その電子裁判書を当事者に送達しなければなりません（同条5項）。

㈑　配当債権査定異議の訴え

　配当債権査定決定に不服がある者は、送達を受けた日から1月の不変期間内に、配当債権査定異議の訴えを提起することができます（本法145条1項）。配当債権査定異議の訴えは、異議等のある配当債権を有する配当債権者が原告であるときは異議者等の全員を被告とし、異議者等が原告であるときは当該配当債権者を被告としなければなりません（同条4項）。

　配当債権査定異議の訴えの口頭弁論は、上記不変期間を経過した後でなければ開始することができません（同条5項）。また、同一の配当債権に関し配当債権査定異議の訴えが数個同時に係属するときは、弁論及び裁判は、併合されます（同条6項）。

　判決においては、訴えを不適法として却下する場合を除き、配当債権査定申立てについての決定を認可し、又は変更することとなります（同条7項）。

㈒　異議等のある配当債権に関する訴訟の受継等

　異議等のある配当債権に関し実行手続開始当時訴訟が係属する場合、当該訴訟は、実行手続開始により中断します。配当債権者がその内容の確定を求めようとするときは、異議者等の全員を当該訴訟の相手方として、訴訟手続の受継の申立てをしなければなりません（本法148条1項）。受継の申立ては、配当債権に係る一般調査期間又は特別調査期間の末日から1月の不変期間内にする必要があります（同条2項）。

㈓　主張の制限

　上記㈐〜㈒の手続では、配当債権者は、債権の内容等について、電子配当債権者表に記録されている事項のみを主張することができま

す（本法149条）。

(オ)　執行力ある債務名義のある債権についての訴訟手続

　　異議等のある配当債権のうち、執行力ある債務名義又は終局判決のあるものについては、異議者等は、債務者がすることのできる訴訟手続によってのみ、異議を主張することができます（本法150条1項）。

　　また、実行手続開始当時訴訟が係属していた場合に異議を主張するためには、異議者等は、当該配当債権を有する配当債権者を相手方として訴訟手続を受継しなければなりません（同条2項）。

　　異議の主張及び受継申立ては、異議等のある配当債権に係る一般調査期間又は特別調査期間の末日から1月の不変期間内にする必要があります。また、これらの訴訟の口頭弁論は、1月の不変期間を経過した後でなければ開始できません（同条3項）。

　　異議の主張又は受継申立てが上記不変期間内にされなかった場合、異議者等が申立債権者等の場合には異議はなかったものとみなされ、異議者等が管財人であるときは、管財人がその配当債権を認めたものとみなされます（同条4項）。

イ　価額決定の申立て

　劣後債権者は、劣後担保権の目的財産の価額について管財人が認めず、又は申立債権者等が異議を述べた場合には、価額異議者等（当該管財人及び当該異議を述べた申立債権者等）の全員を相手方として、当該劣後債権に係る一般調査期間又は特別調査期間の末日から1月以内の期間（価額決定申立期間といいます。）に価額決定の申立てを行うことができます（本法146条1項）。価額決定申立期間については、裁判所は、やむを得ない事由がある場合に限り、当該劣後債権者の申立て

116

により、これを伸長することができます（同条2項）。価額決定の申立てをする劣後債権者は、その手続の費用として裁判所の定める金額を予納しなければならず、費用の予納がない場合、裁判所は、価額決定の申立てを却下しなければなりません（同条3項、4項）。

価額決定の申立てがあった場合、裁判所は、不適法として却下する場合を除き、評価人を選任し財産の評価を命じ、評価人の評価に基づき、決定で、当該財産の価額を定めなければなりません（本法147条1項、2項）。

当該決定に対しては、価額決定の申立てに係る事件の当事者は、執行抗告をすることができます（同条4項）。執行抗告には、執行停止効が認められています（同条5項）。

価額決定の申立てについての決定又は執行抗告についての裁判があった場合には、その電子裁判書を当事者に送達しなければなりません（同条6項）。

価額決定の申立てに係る手続に要した費用は、決定価額が届出価額以上である場合には価額異議者等、決定価額が価額異議者等が配当債権の調査において述べた財産の価額のうち最も低いもの以下である場合には劣後債権者がそれぞれ負担し、これら以外の場合については、各当事者が裁判所が裁量で定める額を負担します（同条7項）。また、執行抗告に係る手続に要した費用は執行抗告をした者が負担します（同条8項）。

なお、担保権の目的財産を共通にする複数の劣後担保権（企業価値担保権を除きます。）がある場合には、価額決定は、当該劣後担保権に係る劣後債権者の全員につき価額決定申立期間（当該価額決定申立期間が伸長されたときは、その伸長された期間）が経過した後にしなければなりません。当該財産に係る数個の価額決定の申立てに係る事件が同時に係属するときは、これらの事件は併合して裁判されることに

117

なります（本法151条）。

ウ　実行手続が終了した場合の取扱い

　配当債権査定申立ての手続及び価額決定の申立ての手続は、実行手続の終了により終了します（本法155条1項）。また、配当債権査定異議の訴えに係る訴訟手続であって、管財人が当事者でないものも、実行手続の終了により終了します（同条2項）。

　実行手続が終了した際に係属する本法148条1項又は150条2項の規定により受継された訴訟手続は、管財人が当事者でない場合には、実行手続が終了により中断します（本法155条3項）。この場合において、債務者は、当該訴訟手続を受継しなければなりません（同条4項）。

(6) 確定の効果

　配当債権について異議等が出されず確定した場合、当該配当債権についての電子配当債権者表の記録は、配当債権者の全員に対して確定判決と同一の効力を有します（本法143条4項）。また、管財人又は配当債権者の申立てがあった場合には配当債権査定決定の内容又は配当債権の確定に関する訴訟の結果及び価額決定の申立てについての決定の内容は電子配当債権者表に記録され（本法152条）、配当債権査定決定又は判決は配当債権者の全員に対して確定判決と同一の効力を有します（本法153条）。

　また、確定した配当債権についての電子配当債権者表の記録は、実行手続廃止の決定が確定したとき又は実行手続終結の決定があったときは、債務者が異議を述べていない限り、債務者に対し確定判決と同一の効力を有し、配当債権者は、債務者に対し、電子配当債権者表の記録により強制執行をすることができます（本法192条）。

Q39 配当手続について教えてください

A

(1) 配当の方法及び順位

　配当は、管財人と配当債権者等との合意により別段の定めがある場合を除き、管財人がその職務を行う場所において行われます（本法164条2項）。管財人は、配当をしたときは、配当した金額を記載した報告書を裁判所に提出し、裁判所書記官は、当該報告書に記載された金額を電子配当債権者表に記録しなければなりません（同条3項）。また、管財人は、配当をしてなお残余があるときは、これを債務者に交付しなければなりません（同条4項）。

　配当の順位は、本法及び民法、商法その他の法律の定める優先順位によることとされ、同一順位において配当をすべき配当債権については、それぞれその債権の額の割合に応じて、配当をすることとされています（本法165条）。

(2) 配当額

ア　特定被担保債権及び不特定被担保債権に対する配当

　管財人は、特定被担保債権に対する配当額を、企業価値担保権者に対し配当します（本法166条1項）。本法では、不法行為債権者などの一般債権者を保護する観点から、配当可能額の一部を当該債権者のために確保する規律が設けられています。そのため、特定被担保債権に対する配当額は、配当可能額から不特定被担保債権留保額（不特定被担保債権者のために、配当可能額に応じ、債務者について行われ、又は

119

行われるべき清算手続又は破産手続の公正な実施に要すると見込まれる額として政令で定めるところにより算定した額）を控除した額が限度とされています（同条2項）。不特定被担保債権留保額は、不特定被担保債権に対する配当として、企業価値担保権者に対し交付されます（同条3項）。

　特定被担保債権については、企業価値担保権者から企業価値担保権信託契約の内容に従い給付され、不特定被担保債権については、清算手続又は破産手続において配当されることが想定されています。

　すなわち、企業価値担保権者は、配当を受けた場合には、特定被担保債権者に対し、遅滞なく、その有する特定被担保債権の額又は給付可能額から不特定被担保債権留保額を控除した額のいずれか低い額を上限として、企業価値担保権信託契約で定める額に相当する金銭を給付しなければなりません（本法62条1項一号）。

　また、不特定被担保債権留保額については、これを管理する必要があり、債務者が特別清算開始又は破産手続開始の申立てをする場合には当該留保額から予納金等を納付し、清算手続又は破産手続が開始されたときは、遅滞なく、各手続における弁済又は配当の順位に従って、不特定被担保債権者に不特定被担保債権留保額（予納金等を納付した場合はこれを控除した額）に相当する金銭を給付するために、清算人又は破産管財人に対し、当該金銭を給付しなければなりません（同条1項二号〜四号）。当該金銭は、清算会社の財産又は破産財団に属する財産となり、清算手続又は破産手続の中で、不特定被担保債権者に対する配当が行われます（同条2項）。

　なお、実行手続終結の決定に係る公告の日から30日を経過しても債務者について清算手続が開始せず、かつ、破産手続開始の申立てがなされない場合、又は当該期間内に債務者について清算手続が開始せず、かつ、当該期間内に破産手続開始の申立てがなされた場合におい

て、当該申立てのいずれもが取り下げられ、又はこれらを却下し、若しくは棄却する決定が確定し、若しくは当該申立てに係る破産手続開始の決定を取り消す決定が確定したときは、信託が終了し、受益権は消滅します（同条3項）。この場合、不特定被担保債権留保額は、原則として、債務者に返還されることになります（信託法182条2項）。

イ　劣後債権に対する配当

特定被担保債権者を除く劣後債権者は、個別の担保権実行による換価代金（処分価格）を担保価値として把握しています。そのため、特定被担保債権を除く劣後債権に対する配当額は、劣後債権のうち、劣後担保権の目的財産の価額が実行手続開始の時における処分価格であるとした場合における当該劣後担保権によって担保された範囲の額を限度とされています（本法167条）。他方、特定被担保債権は、処分価格ではなく事業の継続価値を担保価値として把握していることから、同条の規律は適用されません。

⑶ 配当の許可後に実行手続の停止の申立て等があった場合の取扱い

実行手続では、最後配当、簡易配当又は同意配当の許可があった後の取下げが制限されています。そのため、これらの許可があった後に、担保権の登記の抹消がされた債務者についての実行手続の停止の申立て又は実行手続の取消文書の提出があった場合でも、申立人の他に配当を受けるべき配当債権者等が存在するときは、管財人は配当を実施しなければなりません（本法168条1項）。また、一時停止文書の提出があった場合、管財人は、配当を実施しなければなりません（同条2項）。

⑷ 配当の手続

配当の時期としては、担保目的財産の換価終了後に行われる最後配

当、換価終了前に行われる中間配当、最後配当後に新たに配当に充てることができる財産が確認されたときに実施される追加配当があります。また、最後配当の手続を簡略化した手続として、簡易配当及び同意配当があります。

ア　最後配当

(ア)　総論

　管財人は、一般調査期間の経過後であって担保目的財産の換価の終了後においては、費用不足により実行手続が廃止される場合を除き、遅滞なく、裁判所の許可を得て、最後配当を実施しなければなりません（本法169条1項、2項）。裁判所は、当該許可をする場合において、債務者の清算手続又は破産手続の公正な実施に特に必要があると認めるときは、不特定被担保債権留保額（本法8条2項一号ハ）に加える額を定めます（本法169条3項）。

　当該許可があった場合、管財人は、まず、配当表を作成し、これを裁判所に提出する必要があります（本法170条1項）。配当表を裁判所に提出した後は、遅滞なく、最後配当の手続に参加することができる債権の総額及び最後配当をすることができる金額を公告し、又は届出をした配当債権者及び企業価値担保権者に通知しなければなりません（本法171条）。

(イ)　除斥期間

　最後配当に関する除斥期間は、配当に係る公告が効力を生じた日又は届出があった日から起算して2週間です（本法173条）。異議等のある配当債権を有する配当債権者は、最後配当に関する除斥期間内に、管財人に対し、配当債権査定申立てに係る査定の手続、配当債権査定異議の訴えに係る訴訟手続又は本法148条1項の規定による受継があった訴訟手続が係属していることを証明しなければなり

ません。

(ウ)　配当表の更正

　管財人は、電子配当債権者表を更正すべき事由が最後配当に関する除斥期間内に生じたとき、又は異議等のある配当債権につき配当債権査定申立てに係る査定の手続等が係属していることについて最後配当に関する除籍期間内に証明があったときは、直ちに配当表を更正しなければなりません（本法174条）。

　届出をした配当債権者又は本法166条1項に規定する企業価値担保権者で配当表の記載に不服があるものは、最後配当に関する除斥期間が経過した後1週間以内に限り、裁判所に対し、異議を申し立てることができ、裁判所は、異議の申立てを理由があると認めるときは、管財人に対し、配当表の更正を命じなければなりません（本法175条1項、2項）。異議の申立てについての裁判に対しては、執行抗告をすることができます（同条3項）。

(エ)　配当額の定め及び供託

　管財人は、配当表に対する異議申立期間を経過した後（異議申立てがあった場合には当該異議の申立てに係る手続が終了した後）、遅滞なく、最後配当の手続に参加することができる配当債権者等に対する配当額を定めなければなりません（本法176条1項）。配当額の通知を発する前に、新たに最後配当に充てることができる財産があるに至ったときは、管財人は、遅滞なく、配当表を更正する必要があります（同条2項）。

　管財人は、以上により定めた配当額を、最後配当の手続に参加することができる配当債権者等に通知しなければなりません（同条3項）。

　管財人は、異議等のある配当債権であって配当額の通知を発した時にその確定に関する配当債権査定手続等が係属しているものに対

する配当額、財産の価額について異議等のある劣後債権であって配当額の通知を発した時に価額決定の申立ての手続が係属しているものに対する配当額、租税等の請求権であって配当額の通知を発した時に審査請求等の不服申立ての手続が終了していないものに対する配当額、停止条件付債権又は不確定期限付債権である配当債権に対する配当額、配当債権者等が受け取らない配当額を供託しなければなりません（本法177条）。

イ　中間配当

管財人は、一般調査期間の経過後であって担保目的財産の換価の終了前において、配当をするのに適当な担保目的財産に属する金銭があると認めるときは、裁判所の許可を得て、中間配当をすることができます（本法183条1項、2項）。中間配当においても、不特定被担保債権留保額の加算、配当表、配当の公告等、除斥期間、配当表の更正、配当表に対する異議に関する規定が準用されています（同条3項）。

管財人は、配当表に対する異議申立期間を経過した後（異議申立てがあった場合には当該異議の申立てに係る手続が終了した後）、遅滞なく、配当率を定めて、中間配当の手続に参加することができる配当債権者等に通知しなければなりません（本法184条）。

管財人は、確定期限付債権である配当債権、異議等のある配当債権であって配当債権査定手続等が係属しているもの、財産の価額について異議等のある劣後債権であって価額決定の申立ての手続が係属しているもの、租税等の請求権であって配当率の通知を発した時に審査請求等の不服申立ての手続が終了していないもの、停止条件付債権又は不確定期限付債権である配当債権、解除条件付債権である配当債権であって本法185条1項の規定による担保が供されていないものに対する配当額を寄託しなければなりません（本法187条1項）。

同条1項一号の規定により配当額を寄託した場合、最後配当におい
て、これらの配当債権者に寄託した配当額を支払わなければなりませ
ん（本法187条2項）。同条1項二号〜五号の規定により配当額を寄託し
た場合において、最後配当において177条一号〜四号の規定により配
当額を供託するときは、その寄託した配当額をこれらの配当債権者の
ために供託しなければなりません（本法187条3項）。同条1項六号の規
定により配当額を寄託した場合において、当該配当債権の条件が最後
配当に関する除斥期間内に成就しないときは、その寄託した配当額を
これらの配当債権者に支払わなければなりません（本法187条4項）。

ウ　追加配当

　最後配当にあっては本法176条3項の規定による配当額の通知を発
した後、簡易配当にあっては配当表に対する異議申立期間が経過した
後、同意配当にあっては同意配当の許可があった後、新たに配当に充
てることができる相当の財産があることが確認されたときは、管財人
は、裁判所の許可を得て、最後配当、簡易配当又は同意配当とは別に、
届出をした配当債権者及び本法166条1項に規定する企業価値担保権
者に対し、追加配当をしなければなりません（本法188条1項）。

　管財人は、追加配当の許可があったときは、遅滞なく、追加配当の
手続に参加することができる配当債権者に対する配当額を定め、追加
配当の手続に参加することができる配当債権者等に通知しなければな
りません（同条4項、5項）。

エ　簡易配当

　裁判所は、配当をすることができる金額が1,000万円に満たないと
認められるとき、債権調査期間の満了時までに間に配当をすることに
ついて異議を述べるべき旨裁判所が本法89条1項の規定により公告し、

かつ、その旨を申立人及び知れている配当債権者等に対し通知した場合において、届出をした配当債権者及び本法166条1項に規定する企業価値担保権者が債権調査期間満了時までに異議を述べなかったとき、又はその他相当と認められるときは、管財人の申立てにより、簡易配当をすることを許可することができます（本法178条1項）。なお、中間配当をした場合、簡易配当を許可することはできません（本法181条）。

　管財人は、簡易配当の許可があった場合には、配当表を裁判所に提出した後、遅滞なく、届出をした配当債権者及び本法166条1項に規定する企業価値担保権者に対する配当見込額を定めて、簡易配当の手続に参加することができる債権の総額、簡易配当をすることができる金額及び当該配当見込額を届出をした配当債権者及び同項に規定する企業価値担保権者に通知しなければなりなりません（本法178条2項）。当該通知は、通常到達すべきであった時に到達したものとみなされ、この時を経過したときは、管財人は、遅滞なく、その旨を裁判所に届け出なければなりません（同条3項、4項）。この届出の日が除斥期間の起算点であり、除斥期間は、1週間に短縮されています。また、配当の公告等（本法171条）及び配当債権者等に対する配当額の通知（本法176条3項）は不要であり、配当表に対する異議の申立てに関する裁判に対する執行抗告（本法175条3項〜5項）は認められていません（本法179条）。

　管財人は、本法178条1項三号に基づく簡易配当の許可があった場合、配当見込額等の通知において、簡易配当をすることにつき異議のある配当債権者等は除斥期間内に異議を述べるべき旨も通知しなければならず、届出をした配当債権者又は本法166条1項に規定する企業価値担保権者が除斥期間内に異議を述べたときは、裁判所は、簡易配当の許可を取り消さなければなりません（本法180条）。

オ　同意配当

　裁判所は、届出をした配当債権者及び166条1項に規定する企業価値担保権者の全員が、管財人が定めた配当表、配当額並びに配当の時期及び方法について同意している場合において、管財人の申立てがあったときは、同意配当をすることを許可することができます（本法182条1項）。

　同意配当の許可があった場合、管財人は、管財人が定めた配当表、配当額並びに配当の時期及び方法に従い同意配当をすることができます（同条2項）。

Q40 実行手続はどのような場合に終了するのでしょうか。

A

(1) 実行手続の終結

　裁判所は、最後配当、簡易配当又は同意配当が終了したときは、追加配当の見込みがある場合を除き、実行手続終結の決定をしなければなりません（本法191条1項）。

　裁判所は、実行手続終結の決定をしたときは、直ちに、主文、理由の要旨及び本法62条3項各号のいずれかに該当する場合には企業価値担保権信託契約に係る信託は終了することを公告し、かつ、債務者に通知しなければなりません（本法191条2項）。なお、債務者について清算手続又は破産手続が開始されている場合には、信託の終了に係る公告及び通知は不要です。

　実行手続終結の決定があったときは、担保目的財産の上に存する企業価値担保権は消滅します。また、確定した配当債権について、電子配当債権者表の記録は、債務者が本法140条2項又は本法141条4項の規定による異議を述べた場合を除き、債務者に対し確定判決と同一の効力を有します（本法192条）。

(2) 実行手続の廃止

ア　費用不足の場合の実行手続廃止

　裁判所は、担保目的財産をもって実行手続の費用を支弁するのに不足すると認めるときは、管財人の申立てにより又は職権で、配当債権者等の意見を聴いた上で、実行手続廃止の決定をしなければなりませ

ん（本法189条1項）。

　裁判所は、実行手続廃止の決定をしたときは、直ちに、主文及び理由の要旨を公告し、かつ、その電子裁判書を債務者及び管財人に送達し（同条2項）、申立てを棄却する決定をしたときは、その電子裁判書を管財人に送達しなければなりません（同条3項）。実行手続廃止の決定及び実行手続廃止の申立ての棄却決定に対しては執行抗告をすることができ、実行手続廃止の決定を取り消す決定が確定したときは、直ちにその旨を公告しなければなりません（同条4項、5項）。

　なお、実行手続廃止の決定が確定したときに、担保目的財産の上に存する企業価値担保権が消滅すること、確定した配当債権について、電子配当債権者表の記録が、債務者が本法140条2項又は本法141条4項の規定による異議を述べた場合を除き、債務者に対し確定判決と同一の効力を有することは、実行手続終結の場合と同様です（本法189条7項、192条）。

イ　申立債権の弁済による実行手続廃止

　裁判所は、担保目的財産の換価の終了前において、担保目的財産によって申立債権の全額を弁済することができ、かつ、これにより利害関係人に不利益を及ぼすおそれがないと認めるときは、管財人の申立てにより、申立債権の全額を弁済することを許可することができます（本法190条1項）。

　裁判所は、当該許可の決定をしたときは、直ちに、その主文及び理由の要旨を公告し、かつ、その電子裁判書を債務者及び管財人に送達し、申立てを棄却する決定をしたときは、その電子裁判書を管財人に送達しなければなりません（同条2項、3項）。申立てについての裁判に対しては、執行抗告をすることができます（同条4項）。

　管財人は、裁判所の許可の決定が確定したときは、申立債権を有す

る特定被担保債権者に対して申立債権の全額を弁済しなければなりません（同条5項）。裁判所は、当該弁済があったときは、実行手続廃止の決定をし、直ちに、主文及び理由の要旨を公告し、かつ、これを債務者に通知しなければなりません（同条6項、7項）。

なお、実行手続廃止の決定が確定したときに、担保目的財産の上に存する企業価値担保権が消滅すること、確定した配当債権について、電子配当債権者表の記録が、債務者が本法140条2項又は本法141条4項の規定による異議を述べた場合を除き、債務者に対し確定判決と同一の効力を有することは、実行手続終結の場合と同様です（本法190条9項、192条）。

Q41 企業価値担保権の倒産手続上の取扱いを教えてください。

A

(1) 破産手続との関係

企業価値担保権は、破産手続において、抵当権とみなされます（本法227条）。そのため、企業価値担保権者は、破産手続が開始したとしても、担保権を実行することができます。

もっとも、債務者の総財産を担保目的財産とする企業価値担保権の実行は、破産手続に大きな影響を与える可能性があり、企業価値担保権が実行されるかどうかが不明なまま破産手続を進行することが適切ではない場面も想定されます。そのため、本法では、裁判所は、破産管財人の申立てにより企業価値担保権者がその実行をすべき期間を定めることができ、企業価値担保権者は、当該期間内に実行をしないときは企業価値担保権を実行することができないこととされています（本法206条1項、2項）。

企業価値担保権の実行手続が先行している場合において、破産手続開始原因があるときは、実行手続の終了を待つことなく破産手続を開始した方が、一般債権者等の保護に資するケースもあると考えられます。そのため、実行管財人は、債務者に破産手続開始の原因となる事実があるときは、当該債務者について破産手続開始の申立てをすることができることとされています（本法196条1項）。また、債務者の財産がその債務を完済するのに足りないことが明らかになったときは、管財人は、直ちに破産手続開始の申立てをしなければなりません（同条2項）。

131

また、企業価値担保権の実行手続と破産手続とが併存する場合、実行管財人と破産管財人が併存すること、換価の対象となる財産や配当の対象となる債権が重複し得ることなどから、両者の手続間の調整を手当てする必要があります。本法で設けられた調整規定としては、以下のものが挙げられます（特段の記載がない限り、「債務者につき実行手続開始の決定があり、かつ、破産手続開始の決定があった場合」を想定しています。）。

項　目	概　要
破産事件の移送	・裁判所は、破産手続開始の決定の前後を問わず、破産事件を処理するために相当であると認めるときは、職権で破産事件を執行裁判所に移送することができる（本法195条）。
債権届出期間等	・実行手続開始の決定後終了前に破産手続開始の決定があった場合、裁判所は、原則として破産手続に係る債権届出期間、財産状況報告集会期日、債権調査期日及び債権調査期間を定めないものとし、破産手続の進行に支障を来すおそれがないと認めるときに、当該期間等を定めなければならない（本法198条1項、2項（破産法31条1項の特則））。
訴訟手続の中断	・破産手続開始の決定後終了前に実行手続開始の決定があった場合、破産管財人を当事者とする破産者の財産関係の訴訟手続は中断する（本法199条1項）。当該訴訟手続の受継等については、債務者の財産関係の訴訟手続が中断した場合の規律が適用される（同条2項、98条2項〜6項）。 ・実行手続開始の決定後終了前に破産手続開始の決定があった場合、破産財団に関する訴訟手続は中断しない（本法199条3項（破産法44条1項の特則））。
当事者適格	・実行手続開始の決定後終了前においては実行管財人が当事者適格を有し、破産管財人は当事者適格を有さない（本法199条5項（破産法80条の特則））。

双務契約	・実行手続開始の決定後終了前に、破産管財人は、双方未履行双務契約の解除、注文者が破産手続開始の決定を受けたときの解除又は使用者が破産手続開始の決定を受けたときの解約の申入れをしようとするときは、実行管財人の同意を得なければならない（本法200条1項（破産法53条1項、民法642条1項、631条前段の特則））。 ・破産管財人は、当該同意を得た場合、必要な範囲内で、担保目的財産に関し、管理処分権を有する（本法200条2項）。 ・解除権等の行使に係る相手方は、破産法52条2項に規定する催告を実行管財人に対してすることができ、実行管財人が当該催告を受けたときは破産管財人に通知しなければならない（本法200条3項）。この場合、破産管財人が破産法53条2項の期間内に確答しないときは、解除権等を放棄したものとみなされる（本法200条4項）。
解除権等の行使に関する訴訟手続	・破産管財人は、相手方及び実行管財人間の訴訟が係属するときは、当該訴訟の目的である権利義務に係る請求をする場合に限り、解除権等を行使するため、相手方を被告として、当事者として当該訴訟に参加することができる（本法201条1項）。 ・実行管財人は、破産管財人が当事者である解除権等の行使に係る訴訟が係属するときは、当該訴訟の目的である権利義務に係る請求をするため、相手方を被告として、当事者としてその訴訟に参加することができる（同条2項）。相手方は、口頭弁論終結に至るまで、実行管財人を被告として、当該訴訟の目的である権利義務に係る訴えをこれに併合して提起することができる（同条3項）。
管理処分権	・実行管財人の管理処分権が破産管財人の管理処分権に優先する（本法202条（破産法78条1項の特則））。
破産債権の行使	・破産債権は、破産手続によらずに、実行手続により弁済等を受けることができる（本法203条（破産法100条1項の特則））。

否認権	・破産管財人は、実行手続開始の決定後終了前に否認権を行使しようとする場合は、実行手続の申立人の有する企業価値担保権の設定を否認する場合を除き、実行管財人の同意を得なければならない（本法204条1項）。 ・破産管財人は、当該同意を得た場合、必要な範囲内で、担保目的財産に関し、管理処分権を有する（同条2項）。 ・破産管財人は、相手方及び実行管財人間の訴訟が係属するときは、当該訴訟の目的である権利義務に係る請求をする場合に限り、否認権を行使するため、相手方を被告として、当事者としてその訴訟に参加することができる（本法205条1項）。 ・破産管財人が当事者である否認の訴えが係属するときは、実行管財人は、破産管財人が当事者である否認の訴えの目的である権利義務に係る請求をするため、相手方を被告として、当事者としてその訴訟に参加することができる（同条2項）。相手方は、口頭弁論終結に至るまで、実行管財人を被告として、当該訴訟の目的である権利義務に係る訴えをこれに併合して提起することができる（同条3項）。
破産法の適用除外	破産法上の保全管理人、破産債権の調査・確定、破産者の財産状況の調査、配当、破産手続の終了に関する規定は適用されない（本法207条）。

(2) 再生手続との関係

　企業価値担保権は、再生手続において、抵当権とみなされます（本法228条）。そのため、企業価値担保権者は、再生手続が開始したとしても、担保権を実行することができます。

　再生手続は、原則として再生債務者の下で事業の再生を図ることを目的とする点で、第三者に対する事業の譲渡を目指す企業価値担保権の実行手続とは目的を異にします。そのため、再生手続開始の決定の前後を問わず、実行手続の開始決定があった場合、実行手続が終了し、

又は停止するまでの間、再生手続は中止することになります（本法212条1項）[52]。

　もっとも、再生手続による方が企業価値担保権の実行手続によるよりも利害関係人の利益になる場合も想定されます。他方、再生手続による事業再生がおよそ不可能という場合には、再生手続を終了させる必要があります。そのため、上記の例外として、再生手続開始の申立てに関する一部の手続（再生手続の費用の予納や再生手続開始の申立ての棄却、再生手続開始の公告、再生手続開始の申立てに係る裁判に対する即時抗告、再生手続開始決定の取消し等）、監督委員、否認権（実行手続の申立人の有する企業価値担保権の設定を否認するためのものに限ります。）、担保権の消滅、再生手続の廃止及び破産手続への移行（破産法28条1項の規定による保全処分に関する手続を除きます。）に関する手続をすることが認められています（本法212条2項）。

　以上のほか、本法で設けられた両手続間の主な調整規定としては、以下のものが挙げられます（特段の記載がない限り、「実行手続開始の決定があり、かつ、再生手続開始の決定があった場合」を想定しています。）。

52　再生手続が先行している場合、企業価値担保権者としては、再生債務者による事業再生が困難であると考えるのであれば、担保権を実行し実行管財人による事業譲渡を目指し、再生債務者による事業再生が適切に進められているのであれば、別除権協定による解決を目指すことになると考えられます。再生債務者としては、担保権実行手続の中止命令を得た上で別除権協定の締結に向けて企業価値担保権者と協議することが考えられます。また、別除権協定の締結が困難であれば担保権の消滅許可を得て企業価値担保権を消滅させることも考えられます。

項　目	概　要
再生事件の移送	・裁判所は、再生手続開始の決定の前後を問わず、再生事件を処理するために相当であると認めるときは、職権で再生事件を執行裁判所に移送することができる（本法208条）。
債権届出期間等	・実行手続開始の決定後終了前に再生手続開始の決定があった場合、裁判所は、原則として再生手続に係る債権届出期間及び債権調査期間を定めないものとし、再生手続の進行に支障を来すおそれがないと認めるときに、当該期間を定めなければならない（本法209条1項、2項（民事再生法34条1項の特則））。
訴訟手続の中断	・再生手続開始の決定後終了前に実行手続開始の決定があった場合、再生債務者又は再生管財人を当事者とする再生債務者に関する訴訟手続は中断する（本法210条1項）。当該訴訟手続の受継等については、債務者の財産関係の訴訟手続が中断した場合の規律が適用される（同条2項、98条2項〜6項）。 ・実行手続開始の決定後終了前に再生手続開始の決定があった場合、再生債務者に関する訴訟手続は中断しない（本法210条3項（民事再生法40条1項の特則））。
当事者適格	・実行手続開始の決定後終了前においては、実行管財人が当事者適格を有し、再生管財人は当事者適格を有さない（本法210条5項（民事再生法67条1項の特則））。
管理処分権	・実行管財人の管理処分権が再生管財人の管理処分権に優先する（本法211条（民事再生法66条1項の特則））。

(3) 更生手続との関係

　企業価値担保権は、更生手続において、抵当権とみなされます（本

法229条)。そのため、企業価値担保権者は、更生手続が開始されると、担保権の実行が禁止され、その特定被担保債権は更生担保権として扱われることになります。

企業価値担保権の実行手続が先行している場合でも、更生手続開始の決定がなされれば、実行手続は中止し（会社更生法50条1項）、更生管財人の管理処分権が実行管財人の管理処分権に優先することになります（本法215条）。

なお、実行手続において劣後担保権は担保目的財産の換価により消滅しますが（本法160条1項）、最後配当、簡易配当又は同意配当が終了するまでの間に更生手続開始の決定があったときは、消滅した劣後担保権は、当該更生手続との関係においては、消滅しなかったものとみなされます（本法214条）。

Q42 認定事業性融資推進支援機関について教えてください。

A

　企業価値担保権を適切に活用するためには、金融機関による目利き及び事業者による情報提供は不可欠です。もっとも、企業価値担保権の導入を巡っては、こうした目利きや情報提供に一定の課題があるとの指摘もありました。

　本法では、こうした金融機関及び事業者双方の課題を克服し、企業価値担保権の活用等を支援するため、金融機関や中小企業者に対して助言・指導を行う「事業性融資推進支援機関」の認定制度が設けられました。

　主務大臣は、事業性融資推進支援業務を行う者であって、基本方針に適合すると認められるものを、その申請により、事業性融資推進支援業務を行う者として認定することができます（本法232条1項）。当該認定を受けた者は、認定事業性融資推進支援機関として、支援対象事業者（中小企業者であって、認定事業性融資推進支援機関と本法237条に規定する契約を締結した者をいいます。）及び支援対象金融機関等（支援対象事業者に対して事業性融資を行い、又は行おうとする金融機関等であって、認定事業性融資推進支援機関と同条に規定する契約を締結した者をいいます。）に対する支援に関する業務や企業価値担保権の広報等に関する業務を行います（本法232条2項）。

① 金融機関及び中小企業者に対する支援業務

・支援対象事業者から提供を受けた経営資源の内容、財務内容その他経営の状況の分析を行い、経営の向上の程度を示す指標及び当

該指標を踏まえた目標の策定に必要な指導又は助言を行うこと
・支援対象事業計画（上記指標及び目標をその内容に含む事業性融資を受けるための事業計画をいいます。）の策定に必要な指導又は助言を行うこと
・支援対象事業者に対し定期的に報告を求めるとともに、必要に応じ、目標の達成状況の分析に基づく対応策、指標・目標・支援対象事業計画の変更等について、指導又は助言を行うこと
② 企業価値担保権の広報等に関する業務
・事業性融資の推進及び企業価値担保権の利用に関する啓発活動を行うこと
・以上の業務に関連して必要な情報の収集、調査及び研究を行い、並びにその成果を普及すること

認定事業性融資推進支援機関は、上記①に掲げる支援業務を行う場合には、支援対象事業者及び支援対象金融機関等との間で、これらの業務を行うことを内容とする契約を締結する必要があります（本法237条）。契約を締結した場合は、速やかに、支援対象事業者に対し、企業価値担保権の設定、効力及び実行に関する事項並びに企業価値担保権信託契約において定める事項を説明するとともに、企業価値担保権の利用に関する情報を提供し、かつ、当該説明を行ったことを証する情報を提供しなければなりません（本法238条）。

また、実行手続開始の決定を知った場合には、速やかに、管財人に対し、当該債務者が認定事業性融資推進支援機関の支援対象事業者である旨を通知しなければなりません（本法239条）。

〈参考資料〉

事業性融資の推進等に関する法律（抜粋）

（令和 6 年 6 月 14 日法律第 52 号）

※　原則として、本文中で取り上げている条文のみ掲載しています。

第 1 章　総則
（定義）

第 2 条　略

2　この法律において「会社」とは、会社法（略）第 2 条第一号に規定する会社をいう。

第 2 章　基本方針（第 5 条）　略

第 3 章　企業価値担保権

第 1 節　総則
（定義）

第 6 条　この章（第 13 条第 4 項、第 195 条、第 208 条及び第 212 条第 1 項を除く。）及び第 7 章において「債務者」とは、企業価値担保権の被担保債権の債務者である会社をいう。

2　この章において「企業価値担保権信託会社」とは、第 32 条の内閣総理大臣の免許を受けた者（第 33 条第 1 項又は第 2 項の規定により当該免許を受けたものとみなされた者を含む。）をいう。

3　この章及び次章において「企業価値担保権信託契約」とは、債務者と企業価値担保権信託会社との間で締結される信託契約であって、債務者を委託者とし、企業価値担保権信託会社を受託者とするものをいう。

4　この章において「特定被担保債権」とは、対象債権（企業価値担保権信託契約により定められた特定の債権又は一定の範囲に属する不特定の債権（債務者との特定の継続的取引契約によって生ずるものその他債務者との一定の種類の取引によって生ずるものに限る。）をいう。以下この項において同じ。）のほか、次に掲げる財産上の請求権をいう。ただし、当該財産上の請求権の範囲を限定する旨の企業価値担保権信託契約の定め（第一号及び第二号に掲げる財産上の請求権については、対象債権に不特定の債権が含まれる場合の元本の確定前におけるその範囲に関する定めに限る。）があるときは、その定めるところによる。

一　対象債権が譲渡された場合の当該対象債権

二　対象債権を債務者のために弁済した者が当該対象債権を有する者に代位する場合の当該対象債権

三　対象債権について債権者の交替による更改があった場合の更改後の債権（更改前の当該対象債権の額を限度とする。）

四　企業価値担保権信託契約により定められた一定の範囲に属する不特定の債権（債務者との特定の継続的取引契約によって生ずるものその他債務者との一定の種類の取引によって生ずるものを除く。）であって、元本の確定前に有する特定の原因に基づいて債務者との間に継続して生ずる債権、手形上若しくは小切手上の請求権又は電子記録債権（電子記録債権法（略）第 2 条第 1 項に規定する電子記録債権をいう。第 21 条第 2 項において同じ。）

5　この章において「不特定被担保債権」とは、債務者が会社法第475条各号若しくは第644条各号に掲げる場合に該当し、又は破産手続開始の決定を受けたときにおける当該債務者に対する財産上の請求権であって、同法第476条に規定する清算株式会社若しくは同法第645条に規定する清算持分会社の財産又は破産財団から弁済又は配当を受けることができるもの（企業価値担保権の実行手続終結の決定があるまでに弁済又は配当を受けるものを除く。）をいう。

6　この章において「特定被担保債権者」とは、特定被担保債権に係る企業価値担保権信託契約に基づく信託の受益者をいう。

7　この章において「不特定被担保債権者」とは、不特定被担保債権を有する企業価値担保権信託契約に基づく信託の受益者をいう。

8　略

（企業価値担保権）

第7条　会社の総財産（将来において会社の財産に属するものを含む。第25条及び第206条第1項において同じ。）は、その会社に対する特定被担保債権及び不特定被担保債権を担保するため、一体として、企業価値担保権の目的とすることができる。

2　企業価値担保権者は、この法律の定めるところにより、担保目的財産について、他の債権者に先立って特定被担保債権及び不特定被担保債権に対する配当を受けることができる。

3　企業価値担保権者は、担保目的財産に対する強制執行、担保権の実行若しくは競売（担保権の実行としてのものを除く。第19条第1項において同じ。）、企業担保権の実行又は国税滞納処分（その例による処分を含む。）のそれぞれの手続において、配当又は弁済金の交付を受けることができない。

4　企業価値担保権は、物権とする。

（企業価値担保権信託契約）

第8条　企業価値担保権を設定しようとする場合には、企業価値担保権信託契約に従わなければならない。

2　企業価値担保権信託契約は、次に掲げる事項をその内容とするものでなければ、その効力を生じない。

一　信託の目的が、企業価値担保権信託会社が次に掲げる行為をするものであること。

イ　企業価値担保権の管理及び処分をすること。

ロ　特定被担保債権者のために、企業価値担保権の実行手続において、配当可能額（第166条第2項に規定する配当可能額をいう。ハにおいて同じ。）からハに規定する不特定被担保債権留保額を控除した額を限度として金銭の配当を受け、当該金銭の管理及び処分をすること。

ハ　不特定被担保債権者のために、配当可能額に応じ、債務者について行われ、又は行われるべき清算手続又は破産手続の公正な実施に要すると見込まれる額として政令で定めるところにより算定した額（第70条第4項に規定する裁判所が当該清算手続又は破産手続の公正な実施に特に必要と認める場合にあっては、当該政令で定めるところにより算定した額に当該裁判所が定める額を加えた額）（第62条第1項及び第5節において「不特定被担保債権留保額」という。）の金銭の配当を受け、当該金銭の管理及び処分をすること。

二 特定被担保債権及び不特定被担保債権を担保するために企業価値担保権信託会社を企業価値担保権者として企業価値担保権を設定すること。

三 特定被担保債権の範囲を定めていること。

四 特定被担保債権を有し、又は有すべき者を受益者として指定すること。この場合において、当該者による受益権の取得は、次のイ又はロに掲げる者の区分に応じ、当該イ又はロに定める時に、その効力を生ずること。

イ 特定被担保債権（第6条第4項第一号から第三号までに掲げる財産上の請求権に限る。）を有し、又は有すべき者 企業価値担保権信託会社に対して当該受益権の取得について承諾をした時（当該特定被担保債権を有している場合に限る。）

ロ イに掲げる者以外の者 企業価値担保権信託会社に対して当該受益権の取得について承諾をした時

五 不特定被担保債権を有する者を受益者とすること。

六 企業価値担保権が消滅する前に企業価値担保権信託契約に係る信託が終了した場合の信託法（略）第182条第1項第二号に規定する帰属権利者を債務者とすること。

七 その他内閣府令・法務省令で定める事項

第2節 企業価値担保権

第1款 総則

（企業価値担保権の極度額）

第9条 企業価値担保権は、特定被担保債権を、次項の規定により定める極度額の限度において担保するためにも設定することができる。

2 債務者は、いつでも、企業価値担保権者に対する請求により、企業価値担保権の極度額をその指定する金額に定めることができる。この場合において、企業価値担保権の極度額は、その請求の時に定まるものとする。

3 前項の請求は、書面でしなければ、その効力を生じない。

4 第2項の請求がその内容を記録した電磁的記録（電子的方式、磁気的方式その他人の知覚によっては認識することができない方式で作られる記録であって、電子計算機による情報処理の用に供されるものをいう。以下同じ。）によってされたときは、その請求は、書面によってされたものとみなして、前項の規定を適用する。

5 第2項の極度額は、次に掲げる額の合計額を下回ることができない。

一 現に存する特定被担保債権に係る債務の額と以後2年間に生ずべき利息その他の定期金（次号に規定する手数料を除く。）及び当該債務の不履行による損害賠償の額とを加えた額

二 一定の期間及び金額の範囲内において、債務者の意思表示により当事者間において債務者を借主として金銭を目的とする消費貸借その他の債務者が対価を得て特定被担保債権に係る債務を負担することをその内容とする契約を成立させることができる権利を特定被担保債権者が債務者に付与し、債務者がこれに対して手数料を支払うことを約する契約が締結されている場合において、当該契約により生じさせることのできる債務の上限額と以後2年間に生ずべき当該手数料とを加えた額から当該契約により生じた現に存する債務の額を控除した額

6 企業価値担保権者は、第2項の請求を受けたときは、全ての特定被担保債権者に対し、

143

遅滞なくその旨を通知しなければならない。

7　企業価値担保権の極度額の変更又は廃止は、利害関係を有する者の承諾を得なければ、することができない。

（企業価値担保権の設定に係る手続）

第10条　次の各号に掲げる債務者は、企業価値担保権の設定をするには、当該各号に定める決定又は決議によらなければならない。ただし、第一号又は第五号に掲げる債務者の定款に別段の定めがあるときは、その定めによる。

　　一　株式会社（取締役会設置会社（略）を除く。）　取締役の決定（取締役が2人以上ある場合（企業価値担保権の設定についての決定を各取締役に委任した場合を除く。）にあっては、その過半数による決定）又は株主総会の決議

　　二　取締役会設置会社（監査等委員会設置会社（略）及び指名委員会等設置会社（略）を除く。）　取締役会（企業価値担保権の設定を株主総会の決議によって定めることができる旨の定款の定めがある場合にあっては、株主総会）の決議

　　三　監査等委員会設置会社　取締役会（企業価値担保権の設定を株主総会の決議によって定めることができる旨の定款の定めがある場合にあっては、株主総会）の決議又は取締役（会社法第399条の13第5項に規定する場合又は同条第6項の規定による定款の定めがある場合において、取締役会の決議によって、企業価値担保権の設定についての決定の委任を受けた者に限る。）の決定

　　四　指名委員会等設置会社　取締役会（企業価値担保権の設定を株主総会の決議によって定めることができる旨の定款の定めがある場合にあっては、株主総会）の決議又は執行役（取締役会の決議によって、企業価値担保権の設定についての決定の委任を受けた者に限る。）の決定

　　五　持分会社（略）　社員の決定（社員が2人以上ある場合にあっては、社員（業務を執行する社員を定款で定めた場合にあっては、その社員）の過半数による決定）

（重複担保権の実行の禁止）

第11条　特定被担保債権者（特定被担保債権者に代位する者を含む。）は、重複担保権（債務者の財産を目的として特定被担保債権を担保する質権、抵当権その他の担保権（企業価値担保権を除く。次条第1項第二号及び第三号ハにおいて同じ。）をいう。第5節及び第229条第2項において同じ。）の実行をすることができない。

（個人保証等の制限）

第12条　特定被担保債権に係る債務（債務者以外の連帯債務者が負担する連帯債務を含む。以下この項において同じ。）について、次に掲げる契約その他これらに準ずるものとして主務省令で定める契約がある場合には、当該特定被担保債権を有する特定被担保債権者（特定被担保債権者に代位する者を含む。）は、当該契約に係る権利を行使することができない。特定被担保債権者でなくなった後においても、同様とする。

　　一　当該特定被担保債権に係る債務を保証する保証契約であって保証人が法人でないもの

　　二　当該特定被担保債権に係る債務を担保する質権、抵当権その他の担保権の設定に係る契約であって、当該担保権の設定者が法人でなく、かつ、当該設定者の所有に属する財産であって当該設定者が当該契約の締結時において生活の本拠として使用している不動産その他これに類する生活の用に供する資産で主務省令で定めるものを目的とするもの

〈参考資料〉

三　当該特定被担保債権に係る債務を保証する保証契約であって保証人が法人であるもの（次に掲げる場合におけるものに限る。）

イ　数人の保証人がある場合において、そのうちの１人又は数人の保証人が法人でないとき。

ロ　当該保証契約の保証人の主たる債務者に対する求償権に係る債務（主たる債務者以外の連帯債務者が負担する連帯債務を含む。ハにおいて同じ。）を主たる債務とし、保証人を法人でないものとする保証契約が締結されている場合

ハ　当該保証契約の保証人の主たる債務者に対する求償権に係る債務を担保する質権、抵当権その他の担保権の設定に係る契約であって、当該担保権の設定者が法人でなく、かつ、当該設定者の所有に属する財産であって当該設定者が当該契約の締結時において生活の本拠として使用している不動産その他前号の主務省令で定めるものを目的とするものが締結されている場合

2　特定被担保債権に係る債務が連帯債務である場合において、債務者以外の連帯債務者の１人又は数人が法人でないときその他これに準ずるものとして主務省令で定めるときは、当該特定被担保債権を有する特定被担保債権者（特定被担保債権者に代位する者を含む。）は、債務者以外の連帯債務者が負担する連帯債務に係る債権を行使することができない。特定被担保債権者でなくなった後においても、同様とする。

3　前項に規定する場合において、債務者は、法人でない他の連帯債務者に対して求償権を行使することができない。債務者でなくなった後においても、同様とする。

4　第１項及び第２項の規定は、個人保証契約等（第１項各号に掲げる契約その他同項に規定する主務省令で定める契約又は第２項に規定する債務者以外の連帯債務者が負担する連帯債務に係る契約をいう。）において、債務者が特定被担保債権者に対して事業及び財産の状況を報告する義務を約したときにこれに違反して虚偽の報告をしたことが停止条件とされていることその他の主務省令で定める要件を満たす場合には、適用しない。

（物上保証の禁止）

第13条　企業価値担保権は、他人の債務を担保するために設定することができない。

2　特定被担保債権に係る債務の引受けがあったときは、企業価値担保権者は、引受人の債務について、その企業価値担保権を行使することができない。

3　特定被担保債権に係る免責的債務引受があった場合における当該特定被担保債権を有する債権者は、民法（略）第472条の４第１項の規定にかかわらず、企業価値担保権を引受人が負担する債務に移すことができない。

4　特定被担保債権に係る債務について債務者の交替による更改があった場合における当該特定被担保債権を有する債権者は、企業価値担保権を更改後の債務に移すことができない。

第2款　企業価値担保権の効力等

（登記）

第15条　企業価値担保権の得喪及び変更は、債務者の本店の所在地において、商業登記簿にその登記をしなければ、その効力を生じない。ただし、一般承継、混同又は特定被担保債権の消滅による得喪及び変更については、この限りでない。

（順位）

第16条　数個の企業価値担保権相互の順位は、その登記の前後による。

145

（企業価値担保権の順位の変更）

第17条 企業価値担保権の順位は、各企業価値担保権者の合意によって変更することができる。ただし、利害関係を有する者があるときは、その承諾を得なければならない。

2 企業価値担保権者が前項の合意をするには、その企業価値担保権信託契約に係る全ての特定被担保債権者の同意を得なければならない。ただし、企業価値担保権信託契約に別段の定めがあるときは、その定めるところによる。

3 第1項の規定による順位の変更は、その登記をしなければ、その効力を生じない。

（他の権利との関係）

第18条 債務者の財産の上に存する先取特権（民法第325条に規定する先取特権（同条第三号に係るものに限る。）に限る。）、質権又は抵当権（以下この款において「他の担保権」という。）と企業価値担保権とが競合する場合には、それらの優先権の順位は、他の担保権に係る登記、登録その他の対抗要件の具備と企業価値担保権に係る登記の前後による。

2 一般の先取特権又は企業担保権と企業価値担保権とが競合する場合には、企業価値担保権は、一般の先取特権又は企業担保権に優先する。

3 特別の先取特権（民法第325条に規定する先取特権を除く。）と企業価値担保権とが競合する場合には、企業価値担保権者は、同法第330条第1項の規定による第1順位の先取特権と同一の権利を有する。

4 民法第337条又は第338条第1項の規定に従って登記をした同法第325条に規定する先取特権（同条第一号又は第二号に係るものに限る。）は、企業価値担保権に先立って行使することができる。

5 第1項の規定にかかわらず、債務者が他の担保権の目的である財産を取得した場合における当該他の担保権は、企業価値担保権に先立って行使することができる。

（強制執行等への異議）

第19条 企業価値担保権者は、担保目的財産に対する強制執行、仮差押え、仮処分、担保権の実行若しくは競売又は企業担保権の実行（以下この項において「強制執行等」という。）に対しては、強制執行等が債務者の事業の継続に支障を来す場合には、異議を主張することができる。

2 民事執行法（略）第38条及び民事保全法（略）第45条の規定は、前項の場合について準用する。（以下略）

（債務者による使用、収益及び処分）

第20条 債務者は、企業価値担保権を設定した後も、担保目的財産の使用、収益及び処分をすることができる。

2 前項の規定にかかわらず、債務者は、次に掲げる行為その他の定款で定められた目的及び取引上の社会通念に照らして通常の事業活動の範囲を超える担保目的財産の使用、収益及び処分をするには、当該使用、収益及び処分の対象となる財産について全ての企業価値担保権者の同意を得なければならない。

一 重要な財産の処分

二 事業の全部又は重要な一部の譲渡

三 正当な理由がないのに、商品又は役務をその供給に要する費用を著しく下回る対価で供給すること。

〈参考資料〉

3 前項の規定に違反して行った債務者の行為は、無効とする。ただし、これをもって善意でかつ重大な過失がない第三者に対抗することができない。

（企業価値担保権の被担保債権の範囲）

第21条 企業価値担保権者は、次に掲げるものについて、その企業価値担保権を行使することができる。

一 特定被担保債権に係る確定した元本並びに利息その他の定期金及び債務の不履行によって生じた損害の賠償の全部（第9条第2項の規定により極度額が定められた場合には、その極度額を限度とする。）

二 不特定被担保債権

2 債務者との取引によらないで取得する手形上若しくは小切手上の請求権又は電子記録債権を特定被担保債権とした場合において、次に掲げる事由があったときは、その前に取得したものについてのみ、その企業価値担保権を行使することができる。ただし、その後に取得したものであっても、その事由を知らないで取得したものについては、これを行使することを妨げない。

一 債務者の支払の停止

二 債務者についての破産手続開始、再生手続開始、更生手続開始又は特別清算開始の申立て

三 他の企業価値担保権の実行手続開始の申立て

（特定被担保債権の範囲の変更）

第22条 元本の確定前においては、第60条の規定により、特定被担保債権の範囲の変更をすることができる。この場合においては、後順位の企業価値担保権者その他の第三者の承諾を得ることを要しない。

（企業価値担保権の承継の制限）

第23条 企業価値担保権の承継は、受託者としての権利義務の承継とともにしなければならない。

（合併）

第25条 元本の確定前に特定被担保債権者について合併があったときは、企業価値担保権は、合併の時に存する特定被担保債権のほか、合併後存続する法人又は合併によって設立された法人が合併後に取得する特定被担保債権を担保する。

2 元本の確定前に債務者について合併があったときは、企業価値担保権は、合併の時に存する特定被担保債権に係る債務のほか、合併後存続する会社又は合併によって設立された会社が合併後に負担する特定被担保債権に係る債務を担保する。

3 合併により消滅する債務者の総財産を目的とする企業価値担保権は、合併後存続する会社又は合併により設立される会社の総財産につき、効力を有する。

4 前項の場合において、合併の効力が生じた時に合併後存続する会社又は合併により設立される会社の財産に設定されている他の担保権は、同項に規定する企業価値担保権（合併により消滅する債務者の財産に当該他の担保権が設定されていた場合における当該債務者の総財産を目的とする企業価値担保権を除く。）に先立って行使することができる。

5 合併をする債務者の双方の総財産が企業価値担保権の目的となっている場合は、企業

147

価値担保権等（これらの債務者に係る全ての企業価値担保権及び他の担保権（合併により消滅する会社又は合併後存続する会社の財産に設定されている他の担保権であって、当該合併により消滅する会社又は合併後存続する会社の総財産を目的とする全ての企業価値担保権に優先するものを除く。）をいう。）の合併後の順位に関し、当該企業価値担保権等を有する全ての者の間に協定がなければ、合併をすることができない。

6　債務者の合併の無効の訴えは、企業価値担保権者も、提起することができる。

　（会社分割）

第26条　元本の確定前に特定被担保債権者を分割をする会社とする分割があったときは、企業価値担保権は、分割の時に存する特定被担保債権のほか、分割をした会社及び分割により設立された会社又は当該分割をした会社がその事業に関して有する権利義務の全部若しくは一部を当該会社から承継した会社が分割後に取得する特定被担保債権を担保する。

2　債務者は、企業価値担保権が担保する特定被担保債権に係る債務を分割により承継させることができない。

3　債務者の分割の無効の訴えは、企業価値担保権者も、提起することができる。

　（元本確定期日等の定め）

第27条　特定被担保債権の元本については、企業価値担保権信託契約において、その確定すべき期日又は事由を定めることができる。

2　前項の期日又は事由は、第60条の規定により、変更することができる。この場合においては、後順位の企業価値担保権者その他の第三者の承諾を得ることを要しない。

　（元本確定請求）

第28条　前条第1項の期日又は事由の定めにかかわらず、債務者は、いつでも、特定被担保債権の元本の確定を請求することができる。この場合において、当該元本は、その請求の時から1週間を経過することによって確定する。

2　前条第1項の期日又は事由の定めにかかわらず、企業価値担保権者は、全ての特定被担保債権者の指図により、いつでも、特定被担保債権の元本の確定を請求することができる。ただし、企業価値担保権信託契約に別段の定めがあるときは、その定めるところによる。

3　前項の規定による請求があった場合には、特定被担保債権の元本は、その請求の時に確定する。

　（元本の確定事由）

第29条　次に掲げる場合には、特定被担保債権の元本は、確定する。

　一　企業価値担保権者が企業価値担保権の実行を申し立てたとき。ただし、実行手続開始の決定があったときに限る。

　二　企業価値担保権者が他の企業価値担保権の実行手続開始の決定があったことを知った時から2週間を経過したとき。

　三　債務者が破産手続開始の決定を受けたとき。

2　前項第二号又は第三号の決定の効力が消滅したときは、特定被担保債権の元本は、確定しなかったものとみなす。ただし、元本が確定したものとしてその特定被担保債権を取得した者があるときは、この限りでない。

　　第3款　企業価値担保権の消滅等

〈参考資料〉

（企業価値担保権の消滅）

第30条 元本の確定後において、特定被担保債権の全部が消滅したときは、企業価値担保権も、消滅する。

（企業価値担保権の消滅時効）

第31条 企業価値担保権は、債務者に対しては、その担保する特定被担保債権と同時でなければ、時効によって消滅しない。

　第3節 企業価値担保権に関する信託業務

　　第1款 総則

（免許）

第32条 企業価値担保権に関する信託業務は、内閣総理大臣の免許を受けた会社でなければ、営むことができない。

（みなし免許等）

第33条 担保付社債信託法（略）第3条の免許を受けた者、金融機関の信託業務の兼営等に関する法律（略。以下「兼営法」という。）第1条第1項の認可を受けた金融機関（同項に規定する金融機関をいう。第39条第1項第十二号及び第40条において同じ。）（担保権に関する信託業務を営むものに限る。）又は信託業法第3条若しくは第53条第1項の免許を受けた者は、前条の免許を受けたものとみなす。

2　銀行その他の内閣府令で定める者（前項に規定する者を除く。）は、内閣府令で定めるところにより、内閣総理大臣に企業価値担保権に関する信託業務を営む旨を届け出たときは、前条の免許を受けたものとみなす。

3　略

（免許の申請）

第34条 第32条の免許を受けようとする者は、次に掲げる事項を記載した申請書を内閣総理大臣に提出しなければならない。

　一　商号

　二　資本金の額（当該免許を受けようとする者が合名会社又は合資会社である場合にあっては、出資の総額）

　三　取締役及び監査役（監査等委員会設置会社にあっては取締役、指名委員会等設置会社にあっては取締役及び執行役、持分会社にあっては業務を執行する社員）の氏名

　四　会社法第2条第八号に規定する会計参与設置会社にあっては、会計参与の氏名又は名称

　五　企業価値担保権に関する信託業務以外の業務を営むときは、その業務の種類

　六　本店その他の営業所の名称及び所在地

2　前項の申請書には、次に掲げる書類を添付しなければならない。

　一　定款

　二　会社の登記事項証明書

　三　貸借対照表

　四　収支の見込みを記載した書類

　五　その他内閣府令で定める書類

（免許の基準）

149

第35条 内閣総理大臣は、第32条の免許の申請があった場合においては、当該申請を行う者が次に掲げる基準に適合するかどうかを審査しなければならない。

一 定款の規定が法令に適合していること。

二 企業価値担保権に関する信託業務を健全に遂行するに足りる財産的基礎を有していること。

三 人的構成に照らして、企業価値担保権に関する信託業務を的確に遂行することができる知識及び経験を有し、かつ、十分な社会的信用を有していること。

四 他に営む業務がその企業価値担保権に関する信託業務を適正かつ確実に営むことにつき支障を及ぼすおそれがないこと。

2 内閣総理大臣は、前項の規定による審査の基準に照らし必要があると認めるときは、その必要の限度において、第32条の免許に条件を付し、及びこれを変更することができる。

（資本金等の額）

第36条 企業価値担保権信託会社の資本金の額（当該企業価値担保権信託会社が合名会社又は合資会社である場合にあっては、出資の総額）は、千万円を下回ってはならない。

（出資の払込金額）

第37条 企業価値担保権信託会社が合名会社又は合資会社であるときは、出資の払込金額が500万円に達するまで、企業価値担保権に関する信託業務に着手してはならない。

（変更の届出）

第38条 企業価値担保権信託会社は、第34条第1項各号に掲げる事項に変更があったときは、その日から2週間以内に、その旨を内閣総理大臣に届け出なければならない。

第2款 業務

（業務の範囲）

第39条 企業価値担保権信託会社は、他の法律の規定にかかわらず、企業価値担保権に関する信託業務のほか、次の各号に掲げる法律の規定に基づいて行う当該各号に定める業務その他政令で定める業務を営むことができる。

一 銀行法 同法第10条及び第11条に規定する銀行の業務並びに同法第12条に規定する銀行の業務（同条に規定する担保付社債信託法その他の法律により銀行の営む業務に限る。）

二 長期信用銀行法 同法第6条に規定する長期信用銀行の業務及び同法第6条の2に規定する長期信用銀行の業務（同条に規定する担保付社債信託法その他の法律により長期信用銀行の営む業務に限る。）

三 株式会社商工組合中央金庫法（略） 同法第21条に規定する株式会社商工組合中央金庫の業務

四 農林中央金庫法（略） 同法第54条に規定する農林中央金庫の業務

五 中小企業等協同組合法 同法第9条の8に規定する信用協同組合の業務又は同法第9条の9に規定する協同組合連合会の業務

六 信用金庫法（略） 同法第53条に規定する信用金庫の業務又は同法第54条に規定する信用金庫連合会の業務

七 労働金庫法（略） 同法第58条の2に規定する労働金庫連合会の業務

八 農業協同組合法 同法第10条に規定する農業協同組合又は農業協同組合連合会の業

〈参考資料〉

務

九　水産業協同組合法　同法第11条に規定する漁業協同組合の業務、同法第87条に規定する漁業協同組合連合会の業務、同法第93条に規定する水産加工業協同組合の業務又は同法第97条に規定する水産加工業協同組合連合会の業務

十　保険業法　同法第97条及び第98条から第100条までに規定する保険会社の業務又は同法第199条において準用する同法第97条、第98条、第99条第1項、第2項及び第4項から第6項まで並びに第100条に規定する保険業法第2条第7項に規定する外国保険会社等の業務

十一　担保付社債信託法　同法第5条（各号を除く。）に規定する同法第1条に規定する信託会社の業務

十二　兼営法　兼営法第1条第1項に規定する信託業務を営む金融機関の業務

十三　信託業法　同法第21条第1項及び第2項（これらの規定を同法第63条第2項において準用する場合を含む。）に規定する信託会社又は外国信託会社（同法第2条第6項に規定する外国信託会社をいう。次条において同じ。）の業務

2　企業価値担保権信託会社（前項各号に定める業務又は同項に規定する政令で定める業務を営む企業価値担保権信託会社を除く。次項及び第4項において同じ。）は、前項の規定により営む業務のほか、内閣総理大臣の承認を受けて、その企業価値担保権に関する信託業務を適正かつ確実に営むことにつき支障を及ぼすおそれがない業務を営むことができる。

3・4　略

5　企業価値担保権信託会社は、企業価値担保権に関する信託業務、第1項各号に定める業務及び同項に規定する政令で定める業務並びに第2項の規定による承認を受けて営む業務（次項の規定により第2項の承認を受けたものとみなされる業務を含む。第44条第5項において同じ。）のほか、他の業務を営むことができない。

6　第32条の免許の申請書に申請者が第1項の規定により営む業務以外の業務を営む旨の記載がある場合において、当該申請者が当該免許を受けたときには、当該業務を営むことにつき第2項の承認を受けたものとみなす。

（信託業法の準用等）

第40条　信託業法第15条、第22条から第24条まで、第25条、第26条、第28条第3項、第29条及び第29条の3の規定は、企業価値担保権信託会社（兼営法第1条第1項の認可を受けた金融機関並びに信託会社及び外国信託会社を除く。）が企業価値担保権に関する信託業務を営む場合について準用する。（以下略）

2　略

第3款　事業報告書

第41条　企業価値担保権信託会社は、内閣府令で定めるところにより、企業価値担保権に関する信託業務に係る報告書を作成し、内閣総理大臣に提出しなければならない。

第4款　監督

（企業価値担保権信託会社の監督）

第42条　企業価値担保権信託会社が営む企業価値担保権に関する信託業務は、内閣総理大臣の監督に属する。

（立入検査等）

151

第45条　内閣総理大臣は、企業価値担保権信託会社の信託業務の健全かつ適切な運営を確保するため必要があると認めるときは、当該企業価値担保権信託会社に対し当該企業価値担保権信託会社の業務若しくは財産に関し参考となるべき報告若しくは資料の提出を命じ、又は当該職員に当該企業価値担保権信託会社の営業所その他の施設に立ち入らせ、その業務若しくは財産の状況に関し質問させ、若しくは帳簿書類その他の物件を検査させることができる。

2　前項の規定により立入検査をする職員は、その身分を示す証明書を携帯し、関係者に提示しなければならない。

3　第1項の規定による立入検査の権限は、犯罪捜査のために認められたものと解してはならない。

（業務の停止等）

第46条　内閣総理大臣は、企業価値担保権信託会社の業務又は財産の状況に照らして、当該企業価値担保権信託会社の信託業務の健全かつ適切な運営を確保するため必要があると認めるときは、当該企業価値担保権信託会社に対し、その必要の限度において、期限を付して当該企業価値担保権信託会社の業務の全部若しくは一部の停止を命じ、又は業務執行の方法の変更その他監督上必要な措置を命ずることができる。

（免許の取消し等）

第47条　内閣総理大臣は、企業価値担保権信託会社が法令、定款若しくは法令に基づく内閣総理大臣の処分に違反したとき、又は公益を害する行為をしたときは、当該企業価値担保権信託会社に対し、その業務の全部若しくは一部の停止若しくは取締役若しくは執行役若しくは監査役若しくは業務を執行する社員の解任を命じ、又は第32条の免許を取り消すことができる。

（監督処分の公告）

第49条　内閣総理大臣は、第46条若しくは第47条の規定により業務の全部若しくは一部の停止を命じたとき、又は同条の規定により第32条の免許を取り消したときは、その旨を公告しなければならない。

（免許の取消しによる解散）

第50条　企業価値担保権専業信託会社は、第47条の規定による免許の取消しによって解散する。

（清算人の選任）

第51条　企業価値担保権専業信託会社が前条の規定により解散したときは、内閣総理大臣は、利害関係人の申立てにより又は職権で、清算人を選任する。

（清算の監督）

第53条　企業価値担保権専業信託会社の清算は、内閣総理大臣の監督に属する。

2・3　略

　　第5款　指定紛争解決機関

（紛争解決等業務を行う者の指定）

第55条　内閣総理大臣は、次に掲げる要件を備える者を、その申請により、紛争解決等業務（苦情処理手続（特定信託業務関連苦情を処理する手続をいう。）及び紛争解決手続（特定信託業務関連紛争について訴訟手続によらずに解決を図る手続をいう。第3項におい

〈参考資料〉

て同じ。）の業務並びにこれに付随する業務をいう。以下この款及び第7章において同じ。）を行う者として、指定することができる。

一　法人（人格のない社団又は財団で代表者又は管理人の定めのあるものを含み、外国の法令に準拠して設立された法人その他の外国の団体を除く。第四号ニにおいて同じ。）であること。

二　第57条において準用する信託業法第85条の24第1項の規定によりこの項の規定による指定を取り消され、その取消しの日から5年を経過しない者又は他の法律の規定による指定であって紛争解決等業務に相当する業務に係るものとして政令で定めるものを取り消され、その取消しの日から5年を経過しない者でないこと。

三　この法律若しくは弁護士法（略）又はこれらに相当する外国の法令の規定に違反し、罰金の刑（これに相当する外国の法令による刑を含む。）に処せられ、その刑の執行を終わり、又はその刑の執行を受けることがなくなった日から5年を経過しない者でないこと。

四　役員のうちに、次のいずれかに該当する者がないこと。

　イ　心身の故障のため紛争解決等業務に係る職務を適正に執行することができない者として内閣府令で定める者

　ロ　破産手続開始の決定を受けて復権を得ない者又は外国の法令上これと同様に取り扱われている者

　ハ　拘禁刑以上の刑（これに相当する外国の法令による刑を含む。）に処せられ、その刑の執行を終わり、又はその刑の執行を受けることがなくなった日から5年を経過しない者

　ニ　第57条において準用する信託業法第85条の24第1項の規定によりこの項の規定による指定を取り消された場合若しくはこの法律に相当する外国の法令の規定により当該外国において受けている当該指定に類する行政処分を取り消された場合において、その取消しの日前1月以内にその法人の役員（外国の法令上これと同様に取り扱われている者を含む。ニにおいて同じ。）であった者でその取消しの日から5年を経過しない者又は他の法律の規定による指定であって紛争解決等業務に相当する業務に係るものとして政令で定めるもの若しくは当該他の法律に相当する外国の法令の規定により当該外国において受けている当該政令で定める指定に類する行政処分を取り消された場合において、その取消しの日前1月以内にその法人の役員であった者でその取消しの日から5年を経過しない者

　ホ　この法律若しくは弁護士法又はこれらに相当する外国の法令の規定に違反し、罰金の刑（これに相当する外国の法令による刑を含む。）に処せられ、その刑の執行を終わり、又はその刑の執行を受けることがなくなった日から5年を経過しない者

五　紛争解決等業務を的確に実施するに足りる経理的及び技術的な基礎を有すること。

六　役員又は職員の構成が紛争解決等業務の公正な実施に支障を及ぼすおそれがないものであること。

七　紛争解決等業務の実施に関する規程（以下この款において「業務規程」という。）が法令に適合し、かつ、この法律の定めるところにより紛争解決等業務を公正かつ的確に実施するために十分であると認められること。

八　次項の規定により意見を聴取した結果、手続実施基本契約（紛争解決等業務の実施に

153

関し指定紛争解決機関（この項の規定により指定を受けた者をいう。以下この款及び第7章において同じ。）と企業価値担保権信託会社との間で締結される契約をいう。以下この号及び次条において同じ。）の解除に関する事項その他の手続実施基本契約の内容（第57条において準用する信託業法第85条の7第2項各号に掲げる事項を除く。）その他の業務規程の内容（同条第3項の規定によりその内容とするものでなければならないこととされる事項並びに同条第4項各号及び第5項第一号に掲げる基準に適合するために必要な事項を除く。）について異議（合理的な理由が付されたものに限る。）を述べた企業価値担保権信託会社の数の企業価値担保権信託会社の総数に占める割合が政令で定める割合以下の割合となったこと。

2　前項の申請をしようとする者は、あらかじめ、内閣府令で定めるところにより、企業価値担保権信託会社に対し、業務規程の内容を説明し、これについて異議がないかどうかの意見（異議がある場合には、その理由を含む。）を聴取し、及びその結果を記載した書類を作成しなければならない。

3　内閣総理大臣は、第1項の規定による指定をしようとするときは、同項第五号から第七号までに掲げる要件（紛争解決手続の業務に係る部分に限り、同号に掲げる要件にあっては、第57条において準用する信託業法第85条の7第4項各号及び第5項各号に掲げる基準に係るものに限る。）に該当していることについて、あらかじめ、法務大臣に協議しなければならない。

4　第1項に規定する「特定信託業務関連苦情」とは、特定信託業務（企業価値担保権信託会社が営む企業価値担保に関する信託業務をいう。以下この項において同じ。）に関する苦情をいい、「特定信託業務関連紛争」とは、特定信託業務に関する紛争で当事者が和解をすることができるものをいう。

5　内閣総理大臣は、第1項の規定による指定をしたときは、指定紛争解決機関の商号又は名称及び主たる営業所又は事務所の所在地並びに当該指定をした日を公告しなければならない。

（業務規程）

第56条　指定紛争解決機関は、次に掲げる事項に関する業務規程を定めなければならない。

一　手続実施基本契約の内容に関する事項

二　手続実施基本契約の締結に関する事項

三　紛争解決等業務の実施に関する事項

四　紛争解決等業務に要する費用について加入企業価値担保権信託会社（手続実施基本契約を締結した相手方である企業価値担保権信託会社をいう。次号において同じ。）が負担する負担金に関する事項

五　当事者である加入企業価値担保権信託会社又はその顧客から紛争解決等業務の実施に関する料金を徴収する場合にあっては、当該料金に関する事項

六　他の指定紛争解決機関その他相談、苦情の処理又は紛争の解決を実施する国の機関、地方公共団体、民間事業者その他の者との連携に関する事項

七　紛争解決等業務に関する苦情の処理に関する事項

八　前各号に掲げるもののほか、紛争解決等業務の実施に必要な事項として内閣府令で定めるもの

〈参考資料〉

（信託業法の準用）

第57条　信託業法第5章の2（第85条の2及び第85条の7第1項を除く。）の規定は、指定紛争解決機関について準用する。（以下略）

　　第6款　雑則（第58条・第59条）　略

　　第4節　企業価値担保権信託契約等

　　　第1款　企業価値担保権信託契約の効力等

（特定被担保債権の範囲の変更等の方法）

第60条　特定被担保債権の範囲の変更又は元本の確定すべき期日若しくは事由の変更は、受託会社（企業価値担保権信託契約に基づく信託の受託者である企業価値担保権信託会社をいう。以下この節において同じ。）、債務者及び特定被担保債権者の合意による信託の変更によらなければならない。

（企業価値担保権の実行等の義務）

第61条　特定被担保債権が期限が到来しても弁済されず、又は債務者が特定被担保債権の弁済を完了せずに解散（合併によるものを除く。）をしたときは、受託会社は、全ての特定被担保債権者の指図により、企業価値担保権の実行その他の必要な措置をとらなければならない。ただし、企業価値担保権信託契約に別段の定めがあるときは、その定めるところによる。

（配当を受けた受託会社の義務等）

第62条　受託会社は、企業価値担保権の実行により、配当を受けた場合には、次に掲げる行為をする義務を負う。

　　一　特定被担保債権者に対し、遅滞なく、その有する特定被担保債権の額又は給付可能額から不特定被担保債権留保額を控除した額のいずれか低い額を上限として企業価値担保権信託契約で定める額に相当する金銭を給付すること。

　　二　債務者について清算手続若しくは破産手続が開始され、第四号の規定による金銭の給付をするまで又は第3項の規定により信託が終了するまでの間、不特定被担保債権者のために、当該金銭の給付をするために必要な財産を管理すること。

　　三　債務者が特別清算開始又は破産手続開始の申立てをする場合において、債務者のために、前号に規定する財産から、民事訴訟費用等に関する法律（略）の規定に従い当該申立ての手数料を納付し、会社法第888条第3項又は破産法（略）第22条第1項の規定により特別清算の手続又は破産手続の費用として裁判所の定める金額を予納すること。

　　四　債務者について清算手続又は破産手続が開始されたときは、遅滞なく（当該清算手続又は破産手続が開始された後に当該配当を受けたときは、当該配当を受けた後遅滞なく）、当該清算手続又は破産手続における、弁済又は配当の順位に従って、不特定被担保債権者に不特定被担保債権留保額に相当する金銭（前号に規定する金額を予約した場合は、不特定被担保債権留保額から当該金額を控除した額に相当する金銭）を給付するために、清算人又は破産管財人に対し、当該金銭を給付すること。

2　前項第四号の規定により清算人又は破産管財人が給付を受けた金銭は、会社法第476条に規定する清算株式会社若しくは同法第645条に規定する清算持分会社の財産又は破産財団に属する財産とする。

3　次の各号のいずれかに該当する場合には、企業価値担保権信託契約に係る信託は終了す

155

るものとする。この場合において、当該信託の受益権は消滅する。

一　第191条第2項の規定による公告の日から30日を経過しても、債務者について清算手続が開始せず、かつ、破産手続開始の申立てがなされない場合

二　前号の期間内に債務者について清算手続が開始せず、かつ、当該期間内に破産手続開始の申立てがなされた場合において、当該申立てのいずれもが取り下げられ、又はこれらを却下し、若しくは棄却する決定が確定し、若しくは当該申立てに係る破産手続開始の決定を取り消す決定が確定したとき。

4　略

5　第1項第一号の「給付可能額」とは、第一号及び第二号に掲げる金額の合計額から第三号及び第四号に掲げる金額の合計額を減じて得た額をいう。

一　配当を受けた金額

二　信託財産に属する債権について弁済を受けた金額

三　信託法第49条第1項（同法第53条第2項及び第54条第4項において準用する場合を含む。）の規定により受託会社が有する権利の金額

四　信託法第21条第2項第二号に規定する信託債権に係る債務の金額

（特別代理人の選任）

第63条　次に掲げる場合には、裁判所は、受益者の申立てにより、特別代理人を選任することができる。

一　受託会社が第46条又は第47条の規定による業務の停止の命令を受けているとき。

二　受託会社が受益者のためにすべき信託業務の処理を怠っているとき。

三　受益者と受託会社との利益が相反する場合において、受託会社が受益者のために信託業務の処理に関する裁判上又は裁判外の行為をする必要があるとき。

2〜5　略

　　第2款　企業価値担保権に関する信託業務の承継等

（受託会社の辞任）

第65条　受託会社は、信託法第57条第1項の規定により辞任するときは、信託業務を承継する会社を定めなければならない。

（受託会社の解任）

第66条　受託会社についての信託法第58条第4項（同法第70条において準用する場合を含む。次条第1項において同じ。）の規定の適用については、同法第58条第4項中「違反して信託財産に著しい損害を与えたこと」とあるのは、「違反したとき、信託事務の処理に不適任であるとき」とする。

（内閣総理大臣の権限）

第67条　内閣総理大臣は、受託会社に係る第32条の免許が第47条の規定による取消しその他の事由によりその効力を失ったときは、前条の規定により読み替えて適用される信託法第58条第4項若しくは信託法第62条第4項若しくは第63条第1項の規定による申立てをすること又は同法第62条第2項の規定による催告をすることができる。

2　前項に規定する場合において、裁判所が受託会社であった受託者を解任するまでの間は、当該受託会社であった受託者は、なお企業価値担保権信託会社とみなす。

（信託業務の承継）

〈参考資料〉

第68条 第65条の規定による信託業務の承継は、債務者、受託会社であった者（以下この条及び次条第2項において「前受託会社」という。）及び信託業務を承継する会社（以下この条及び同項において「新受託会社」という。）がその契約書を作成することによって、その効力を生ずる。

2 前項の契約書は、電磁的記録をもって作成することができる。

3 第1項の契約書を書面をもって作成する場合には、当該書面には、債務者、前受託会社及び新受託会社の代表者が署名し、又は記名押印しなければならない。

4 第1項の契約書を電磁的記録をもって作成する場合には、当該電磁的記録には、債務者、前受託会社及び新受託会社の代表者が内閣府令・法務省令で定める署名又は記名押印に代わる措置をとらなければならない。

（承継に関する業務の監督）

第69条 信託業務の承継に関する業務は、内閣総理大臣の監督に属する。

2 内閣総理大臣は、前項の監督上必要があると認めるときは、当該職員に前受託会社若しくは新受託会社の営業所その他の施設に立ち入らせ、その業務若しくは財産の状況に関し質問させ、又は帳簿書類その他の物件を検査させることができる。

3 第45条第2項及び第3項の規定は、前項の規定による立入検査について準用する。

　第5節　企業価値担保権の実行

　　第1款　総則

　（定義）

第70条 この節において「実行手続」とは、この節の定めるところにより、企業価値担保権を実行する手続をいう。

2 この節において「執行事件」とは、実行手続に係る事件をいう。

3 略

4 この節（第72条並びに第9款第2目及び第3目を除く。）において「裁判所」とは、執行事件を取り扱う1人の裁判官又は裁判官の合議体をいう。

5 この節において「申立債権」とは、申立人の企業価値担保権の特定被担保債権であって共益債権に該当しないものをいう。

6 この節において「共益債権」とは、実行手続によらないで担保目的財産から随時弁済を受けることができる債権をいう。

7 この節において「共益債権者」とは、共益債権を有する者をいう。

8 この節において「優先担保権」とは、実行手続開始当時債務者の財産につき存する担保権のうち申立人の企業価値担保権に優先するものであって、重複担保権に該当しないものをいう。

9 この節において「優先担保権者」とは、優先担保権を有する者をいう。

10 この節において「劣後担保権」とは、実行手続開始当時債務者の財産につき存する担保権（一般の先取特権、企業担保権及び留置権を除く。）のうち、申立人の企業価値担保権に劣後するもの又は当該企業価値担保権と同一順位のものであって、重複担保権に該当しないものをいう。

11 この節において「劣後債権」とは、劣後担保権の被担保債権（劣後担保権が企業価値担保権である場合にあっては、特定被担保債権）であって共益債権に該当しないものをいう。

157

12　この節において「劣後債権者」とは、劣後債権を有する者をいう。

13　この節において「配当債権」とは、申立債権、劣後債権又は租税等の請求権をいう。

14　この節において「配当債権者」とは、配当債権を有する者をいう。

15　この節において「配当債権者等」とは、配当債権者又は企業価値担保権者をいう。

16・17　略

18　この節において「租税等の請求権」とは、国税徴収法（略）又は国税徴収の例によって徴収することのできる請求権（租税条約等の実施に伴う所得税法、法人税法及び地方税法の特例等に関する法律（略）第11条第1項に規定する共助対象外国租税（以下この節において「共助対象外国租税」という。）の請求権を除く。）であって、共益債権に該当しないものをいう。

（管轄）

第71条　執行事件は、債務者の主たる営業所の所在地（外国に主たる営業所がある場合にあっては、日本における主たる営業所の所在地）を管轄する地方裁判所が管轄する。

2　前項の規定にかかわらず、実行手続開始の申立ては、債務者の本店の所在地を管轄する地方裁判所にもすることができる。

3　第1項の規定にかかわらず、法人が他の株式会社の総株主の議決権（株主総会において決議をすることができる事項の全部につき議決権を行使することができない株式についての議決権を除き、会社法第879条第3項の規定により議決権を有するものとみなされる株式についての議決権を含む。次項において同じ。）の過半数を有する場合には、当該法人（以下この項及び次項において「親法人」という。）について執行事件が係属しているときにおける当該他の株式会社（以下この項及び次項において「子株式会社」という。）についての実行手続開始の申立ては、親法人の執行事件が係属している地方裁判所にもすることができ、子株式会社について執行事件が係属しているときにおける親法人についての実行手続開始の申立ては、子株式会社の執行事件が係属している地方裁判所にもすることができる。

4　子株式会社が他の株式会社の総株主の議決権の過半数を有する場合には、当該他の株式会社を当該子株式会社の親法人の子株式会社と、親法人及び子株式会社が他の株式会社の総株主の議決権の過半数を有する場合には、当該他の株式会社を当該親法人の子株式会社とそれぞれみなして、前項の規定を適用する。

5　第1項の規定にかかわらず、株式会社が最終事業年度について会社法第444条の規定により当該株式会社及び他の法人に係る連結計算書類（同条第1項に規定する連結計算書類をいう。）を作成し、かつ、当該株式会社の定時株主総会においてその内容が報告された場合には、当該株式会社について執行事件が係属しているときにおける当該他の法人についての実行手続開始の申立ては、当該株式会社の執行事件が係属している地方裁判所にもすることができ、当該他の法人について執行事件が係属しているときにおける当該株式会社についての実行手続開始の申立ては、当該他の法人の執行事件が係属している地方裁判所にもすることができる。

6　第1項の規定にかかわらず、実行手続開始の申立ては、東京地方裁判所又は大阪地方裁判所にもすることができる。

（専属管轄）

〈参考資料〉

第72条　この節に規定する裁判所の管轄は、専属とする。

（執行事件の移送）

第73条　裁判所は、著しい損害又は遅滞を避けるため必要があると認めるときは、職権で、執行事件を次に掲げる地方裁判所のいずれかに移送することができる。

　一　債務者の営業所の所在地を管轄する地方裁判所

　二　債務者の財産の所在地（債権については、裁判上の請求をすることができる地）を管轄する地方裁判所

　三　第71条第2項から第6項までに規定する地方裁判所

（任意的口頭弁論等）

第74条　実行手続に関する裁判は、口頭弁論を経ないですることができる。

２　裁判所は、職権で、執行事件に関して必要な調査をすることができる。

（公告等）

第75条　この節の規定による公告は、官報に掲載してする。

２　前項の規定による公告は、掲載があった日の翌日に、その効力を生ずる。

３　この節の規定により送達をしなければならない場合には、公告をもって、これに代えることができる。ただし、この節に特別の定めがある場合（この節の規定により公告及び送達をしなければならない場合を含む。）は、この限りでない。

４　略

（ファイル記録事項の閲覧等）

第77条　利害関係人は、裁判所書記官に対し、最高裁判所規則で定めるところにより、この法律の規定に基づき裁判所の使用に係る電子計算機（入出力装置を含む。以下同じ。）に備えられたファイル（次項及び第3項並びに次条を除き、以下「ファイル」という。）に記録された事項（以下この条及び第80条第6項において「ファイル記録事項」という。）の内容を最高裁判所規則で定める方法により表示したものの閲覧を請求することができる。

２・３　略

　　第2款　実行手続開始の申立て

（実行手続開始の申立て）

第83条　企業価値担保権の実行は、第61条の規定に基づいてする企業価値担保権者の実行手続開始の申立てによってする。

２　企業価値担保権者は、その企業価値担保権に優先する他の企業価値担保権がある場合においては、前項の規定による実行手続開始の申立てをすることができない。

（実行手続開始の申立ての方式）

第84条　実行手続開始の申立ては、次に掲げる事項を明らかにしてしなければならない。

　一　申立債権の内容及び原因

　二　申立債権に係る企業価値担保権の内容

　三　申立債権に係る弁済期の到来

２　申立人は、申立債権及び当該申立債権に係る企業価値担保権の存在並びに当該申立債権に係る弁済期の到来を証明しなければならない。

３　実行手続開始の申立ては、第1項各号に掲げる事項のほか、次に掲げる事項を明らかにしてするよう努めるものとする。

一　債務者の目的その他の債務者の概要

二　債務者の事業の内容及び状況

三　債務者の資産、負債その他の財産の状況

（費用の予納）

第85条　実行手続開始の申立てをするときは、申立人は、実行手続の費用として裁判所の定める金額を予納しなければならない。

2・3　略

（実行手続開始の申立ての取下げの制限）

第86条　申立人が実行手続開始の決定後にその申立てを取り下げるには、裁判所の許可を得なければならない。

2　前項の申立ては、第169条第2項、第178条第1項又は第182条第1項の許可があった後は、取り下げることができない。

3　第1項の規定により実行手続開始の申立てが取り下げられたときは、裁判所は、直ちに、その旨を公告し、かつ、第89条第3項各号に掲げる者（申立人を除く。）に通知しなければならない。ただし、第88条第2項の決定があったときは、知れている配当債権者等に対しては、当該通知をすることを要しない。

　　第3款　実行手続開始の決定及びこれに伴う効果等

　　　第1目　実行手続開始の決定

（実行手続開始の決定）

第87条　裁判所は、第83条第1項の規定による実行手続開始の申立てがあった場合において、第84条第2項の証明があったときは、実行手続の費用の予納がないときを除き、実行手続開始の決定をする。

2　前項の決定は、その決定の時から、効力を生ずる。

（実行手続開始の決定と同時に定めるべき事項）

第88条　裁判所は、実行手続開始の決定と同時に、1人又は数人の管財人を選任し、かつ、劣後債権の届出をすべき期間及び配当債権の調査をするための期間を定めなければならない。

2　前項の場合において、知れている配当債権者等の数が千人以上であり、かつ、相当と認めるときは、裁判所は、第86条第3項本文、次条第4項本文において準用する同条第3項（第一号に係る部分に限る。）、第90条第3項本文及び第91条第5項本文の規定による知れている配当債権者等に対する通知をしない旨の決定をすることができる。

（実行手続開始の公告等）

第89条　裁判所は、実行手続開始の決定をしたときは、直ちに、次に掲げる事項を公告しなければならない。

一　実行手続開始の決定の主文

二　管財人の氏名又は名称

三　前条第1項の規定により定めた期間

四　財産所持者等（担保目的財産の所持者及び債務者に対して債務を負担する者をいう。）は、債務者にその財産を交付し、又は弁済をしてはならない旨

五　第178条第1項（第二号に係る部分に限る。）の規定による簡易配当をすることが相当

〈参考資料〉

と認められる場合にあっては、当該簡易配当をすることにつき異議のある配当債権者等は裁判所に対し、前条第1項に規定する配当債権の調査をするための期間の満了時までに異議を述べるべき旨

2　前条第2項の決定があったときは、裁判所は、前項各号に掲げる事項のほか、第86条第3項本文、第4項本文において準用する次項（第一号に係る部分に限る。）、次条第3項本文及び第91条第5項本文の規定による知れている配当債権者等に対する通知をしない旨をも公告しなければならない。

3　次に掲げる者には、前2項の規定により公告すべき事項を通知しなければならない。

一　申立人、管財人、債務者及び知れている配当債権者等

二　第1項第四号に規定する財産所持者等であって知れているもの

三　労働組合等（債務者の使用人その他の従業者の過半数で組織する労働組合があるときはその労働組合、債務者の使用人その他の従業者の過半数で組織する労働組合がないときは債務者の使用人その他の従業者の過半数を代表する者をいう。第122条及び第157条第4項第二号において同じ。）

4　略

（抗告）

第90条　第83条第1項に規定する実行手続開始の申立てについての裁判に対しては、執行抗告をすることができる。

2　前項の執行抗告においては、債務者は、企業価値担保権の不存在又は消滅を理由とすることができる。

3　実行手続開始の決定をした裁判所は、第1項の執行抗告があった場合において、当該決定を取り消す決定が確定したときは、直ちにその主文を公告し、かつ、前条第3項各号に掲げる者にその主文を通知しなければならない。ただし、第88条第2項の決定があったときは、知れている配当債権者等に対しては、当該通知をすることを要しない。

（実行手続の停止）

第91条　実行手続は、第一号の申立て又は第二号の文書（同号ハにあっては、文書又は電磁的記録）の提出があったときは、停止しなければならない。

一　企業価値担保権の登記の抹消がされた債務者についての実行手続の停止の申立て

二　次に掲げるいずれかの文書（ハにあっては、文書又は電磁的記録）

イ　企業価値担保権のないことを証する確定判決（確定判決と同一の効力を有するものを含む。ロにおいて同じ。）の謄本又は記録事項証明書（ファイルに記録されている事項を記載した書面であって裁判所書記官が当該書面の内容が当該ファイルに記録されている事項と同一であることを証明したものをいう。以下この号において同じ。）

ロ　企業価値担保権の登記を抹消すべき旨を命ずる確定判決の謄本又は記録事項証明書

ハ　企業価値担保権の実行をしない旨又は特定被担保債権者が特定被担保債権の弁済を受け、若しくは特定被担保債権の弁済の猶予をした旨を記載した裁判上の和解の調書その他の公文書の謄本（公文書が電磁的記録をもって作成されている場合にあっては、当該電磁的記録に記録されている事項の全部を記録した電磁的記録）（企業価値担保権の実行をしない旨又は特定被担保債権の弁済の猶予をした旨を記載又は記録をしたものにあっては、実行手続開始の決定前に作成されたものに限る。）

161

ニ　実行手続の停止及び執行処分の取消しを命ずる旨を記載した裁判の謄本又は記録事項証明書

　　ホ　実行手続の一時の停止を命ずる旨を記載した裁判の謄本又は記録事項証明書

　　ヘ　企業価値担保権の実行を一時禁止する裁判の謄本又は記録事項証明書

2　前項第一号の申立て又は同項第二号イからニまでに掲げる文書若しくは電磁的記録の提出があったときは、裁判所は、既にした執行処分をも取り消さなければならない。

3　裁判所は、第1項第二号ホ又はヘに掲げる文書の提出により実行手続が停止された場合において、必要があると認めるときは、当該文書に記載された停止又は禁止に係る期間が満了するまで管財人を当事者とする訴訟手続の中止を命ずることができる。

4　裁判所は、前項の規定による中止の命令を変更し、又は取り消すことができる。

5　裁判所は、第1項第二号ホ若しくはヘに掲げる文書の提出により実行手続が停止したとき、又は第2項の規定により既にした執行処分を取り消す決定が確定したときは、直ちに、その旨を公告し、かつ、第89条第3項各号に掲げる者に通知しなければならない。ただし、第88条第2項の決定があったときは、知れている配当債権者等に対しては、当該通知をすることを要しない。

（実行手続の停止時の保全行為）

第92条　前条第1項第二号ホ又はヘに掲げる文書の提出により実行手続が停止された場合であっても、第113条第1項の権利は管財人に専属する。ただし、管財人が債務者の常務に属しない行為をするには、裁判所の許可を得なければならない。

2　前項ただし書の許可を得ないでした行為は、無効とする。ただし、これをもって善意の第三者に対抗することができない。

　　　　第2目　実行手続開始の決定に伴う効果

（弁済の禁止）

第93条　配当債権又は配当外債権については、実行手続開始後は、この法律に特別の定めがある場合を除き、実行手続によらなければ、弁済をし、弁済を受け、その他これを消滅させる行為（免除を除く。）をすることができない。

2　裁判所は、配当債権又は配当外債権について、債務者の事業の継続、債務者の取引先の保護その他の実行手続の公正な実施に必要があると認めるときは、管財人の申立てにより、その弁済をすることを許可することができる。

3　第1項の規定は、次に掲げる事由により、租税等の請求権が消滅する場合には、適用しない。

　一　国税滞納処分（共益債権を徴収するためのものを除き、国税滞納処分の例による処分（共益債権及び共助対象外国租税の請求権を徴収するためのものを除く。）を含む。第96条第1項を除き、以下この款において同じ。）のうち、同条第3項の規定により続行が命じられたもの

　二　国税滞納処分による差押えを受けた債務者の債権（差押えの効力の及ぶ債権を含む。）の第三債務者が当該国税滞納処分の失効中に徴収の権限を有する者に対して任意にした給付

　三　徴収の権限を有する者による還付金又は過誤納金の充当

　四　管財人が裁判所の許可を得てした弁済

〈参考資料〉

（相殺権）

第94条 配当債権者が実行手続開始当時債務者に対して債務を負担する場合において、債権及び債務の双方が第88条第1項の規定により定められた劣後債権の届出をすべき期間（以下この条及び第5款において「債権届出期間」という。）の満了前に相殺に適するようになったときは、配当債権者は、当該債権届出期間内に限り、実行手続によらないで、相殺をすることができる。債務が期限付であるときも、同様とする。

2　配当外債権者が実行手続開始当時債務者に対して債務を負担するときは、実行手続によらないで、相殺をすることができる。債務が期限付であるときも、同様とする。

3　配当債権者又は配当外債権者が実行手続開始当時債務者に対して負担する債務が賃料債務である場合には、配当債権者又は配当外債権者は、実行手続開始後にその弁済期が到来すべき賃料債務（債権届出期間の満了後にその弁済期が到来すべきものを含む。次項において同じ。）については、実行手続開始の時における賃料の6月分に相当する額を限度として、実行手続によらないで、相殺をすることができる。ただし、配当債権者にあっては、当該相殺をすることができるのは、債権届出期間内に限る。

4　前項に規定する場合において、配当債権者又は配当外債権者が、実行手続開始後にその弁済期が到来すべき賃料債務について、実行手続開始後その弁済期に弁済をしたときは、配当債権者又は配当外債権者が有する敷金の返還請求権は、実行手続開始の時における賃料の6月分に相当する額（同項の規定により相殺をする場合には、相殺により免れる賃料債務の額を控除した額）の範囲内におけるその弁済額を限度として、共益債権とする。

5　略

（相殺の禁止）

第95条 配当債権者又は配当外債権者は、実行手続開始後に債務者に対して債務を負担した場合には、相殺をすることができない。ただし、配当債権者が第157条第1項の営業又は事業の譲受人として債務を負担した場合において、裁判所の許可を得たときは、この限りでない。

2　債務者に対して債務を負担する者は、実行手続開始後に他人の配当債権又は配当外債権を取得した場合には、相殺をすることができない。

（他の手続の失効等）

第96条 実行手続開始の決定があったときは、担保目的財産に対する強制執行等（配当債権若しくは配当外債権に基づく強制執行、仮差押え、仮処分若しくは担保権の実行又は配当債権若しくは配当外債権を被担保債権とする留置権による競売をいう。次項において同じ。）、企業担保権の実行、国税滞納処分（第93条第3項第一号に規定する国税滞納処分をいう。）、外国租税滞納処分（共助対象外国租税の請求権に基づき国税滞納処分の例によってする処分（共益債権を徴収するためのものを除く。）をいう。次項及び第3項において同じ。）又は配当債権若しくは配当外債権に基づく財産開示手続若しくは第三者からの情報取得手続の申立てはすることができない。

2　前項に規定する場合には、担保目的財産に対して既にされている強制執行等の手続、企業担保権の実行の手続、国税滞納処分、外国租税滞納処分並びに配当債権又は配当外債権に基づく財産開示手続及び第三者からの情報取得手続は、実行手続の関係においては、その効力を失う。ただし、強制執行等（配当債権又は配当外債権に基づく仮差押え又は仮処

163

分を除く。第7項及び第8項において同じ。）の手続については、管財人において執行事件のためにその手続を続行することを妨げない。

3　前項の規定にかかわらず、裁判所は、債務者の事業の継続及び換価に支障を来さないと認めるときは、管財人若しくは租税等の請求権につき徴収の権限を有する者の申立てにより又は職権で、同項の規定により失効した国税滞納処分又は外国租税滞納処分の続行を命ずることができる。

4　第2項ただし書又は前項の規定により続行された手続又は処分に関する債務者に対する費用請求権は、共益債権とする。

5・6　略

7　第2項ただし書の規定により続行された強制執行等の手続については、民事執行法第63条及び第129条（これらの規定を同法その他強制執行の手続に関する法令において準用する場合を含む。）の規定は、適用しない。

8　第2項ただし書の規定により続行された強制執行等に対する第三者異議の訴えについては、管財人を被告とする。

9　第1項及び第2項の規定は、優先担保権を行使する場合については、適用しない。

（続行された強制執行等における配当等に充てるべき金銭の取扱い）

第97条　前条第2項ただし書又は第3項の規定により続行された手続又は処分においては、配当又は弁済金の交付（以下この条において「配当等」という。）を実施することができない。ただし、同項の規定により続行された処分における租税等の請求権に対する配当等については、この限りでない。

2　前項本文に規定する手続（配当債権又は配当外債権を被担保債権とする留置権による競売手続を除く。次項において同じ。）又は処分においては、配当等に充てるべき金銭が生じたときは、管財人に対して、当該金銭に相当する額（前項ただし書の規定により配当等が実施されたときは、当該配当等の額を控除した額）の金銭を交付しなければならない。

3　前項の金銭の交付前に実行手続が終了したときは、第1項本文の規定にかかわらず、同項本文に規定する手続又は処分においては、その手続又は処分の性質に反しない限り、配当等に充てるべき金銭（同項ただし書の規定により配当等が実施されたものを除く。）について、配当等を実施しなければならない。

（債務者の財産関係に関する訴えの取扱い）

第98条　実行手続開始の決定があったときは、債務者の財産関係の訴訟手続は、中断する。

2　管財人は、前項の規定により中断した訴訟手続のうち配当債権に関しないものを受け継ぐことができる。この場合においては、受継の申立ては、相手方もすることができる。

3　前項の場合においては、相手方の債務者に対する訴訟費用請求権は、共益債権とする。

4　実行手続が終了したときは、管財人を当事者とする債務者の財産関係の訴訟手続は、中断する。

5　債務者は、前項の規定により中断した訴訟手続を受け継がなければならない。この場合においては、受継の申立ては、相手方もすることができる。

6　第1項の規定により中断した訴訟手続について第2項の規定による受継があるまでに実行手続が終了したときは、債務者は、当該訴訟手続を当然受継する。

（債権者代位訴訟の取扱い）

〈参考資料〉

第99条 民法第423条第1項又は第423条の7の規定により債務者に属する権利（登記手続又は登録手続をすべきことを請求する権利を含む。）の行使をするため配当債権者又は配当外債権者が第三者に対して提起した訴訟が実行手続開始当時係属するときは、その訴訟手続は、中断する。

2　管財人は、前項の規定により中断した訴訟手続を受け継ぐことができる。この場合においては、受継の申立ては、相手方もすることができる。

3　前項の場合においては、相手方の配当債権者又は配当外債権者に対する訴訟費用請求権は、共益債権とする。

4　第1項の規定により中断した訴訟手続について第2項の規定による受継があった後に実行手続が終了したときは、当該訴訟手続は中断する。

5　前項の場合には、配当債権者又は配当外債権者において同項の規定により中断した訴訟手続を受け継がなければならない。この場合においては、受継の申立ては、相手方もすることができる。

6　第1項の規定により中断した訴訟手続について第2項の規定による受継があるまでに実行手続が終了したときは、配当債権者又は配当外債権者は、当該訴訟手続を当然受継する。
（行政庁に係属する事件の取扱い）

第100条　第98条の規定は、債務者の財産関係の事件で行政庁に係属するものについて準用する。
（債務者のした法律行為の効力）

第101条　債務者が実行手続開始後に担保目的財産に関してした法律行為は、実行手続の関係においては、その効力を主張することができない。

2　債務者が実行手続開始の日にした法律行為は、実行手続開始後にしたものと推定する。
（開始後の権利取得の効力）

第102条　実行手続開始後に担保目的財産に関して管財人又は債務者の法律行為によらないで権利を取得しても、その権利の取得は、実行手続の関係においては、その効力を主張することができない。

2　前条第2項の規定は、実行手続開始の日における前項の権利の取得について準用する。
（開始後の登記及び登録の効力）

第103条　不動産又は船舶に関し実行手続開始前に生じた登記原因に基づき実行手続開始後にされた登記又は不動産登記法（略）第105条（第一号に係る部分に限る。）の規定による仮登記は、実行手続の関係においては、その効力を主張することができない。ただし、登記権利者が実行手続開始の事実を知らないでした登記又は仮登記については、この限りでない。

2　前項の規定は、権利の設定、移転若しくは変更に関する登録若しくは仮登録又は企業担保権若しくは企業価値担保権の設定、移転若しくは変更に関する登記について準用する。
（債務者に対する弁済の効力）

第104条　実行手続開始後に、その事実を知らないで債務者にした弁済は、実行手続の関係においても、その効力を主張することができる。

2　実行手続開始後に、その事実を知って債務者にした弁済は、担保目的財産が受けた利益の限度においてのみ、実行手続の関係において、その効力を主張することができる。

165

（善意又は悪意の推定）

第105条 前２条の規定の適用については、第89条第１項の規定による公告の前においてはその事実を知らなかったものと推定し、当該公告の後においてはその事実を知っていたものと推定する。

（共有関係）

第106条 債務者が他人と共同して財産権を有する場合において、実行手続が開始されたときは、管財人は、共有者の間で分割をしない旨の定めがあるときでも、分割の請求をすることができる。

２ 前項の場合には、他の共有者は、相当の償金を支払って債務者の持分を取得することができる。

（取戻権）

第107条 実行手続の開始は、債務者に属しない財産を債務者から取り戻す権利に影響を及ぼさない。

２ 破産法第63条第１項及び第３項並びに第64条の規定は、実行手続が開始された場合について準用する。（以下略）

（優先担保権の行使）

第108条 優先担保権は、実行手続によらないで、行使することができる。

２ 優先担保権者は、優先担保権の目的である財産が管財人による任意売却その他の事由により債務者の財産に属しないこととなった場合において当該優先担保権がなお存続するときにおける当該優先担保権を、実行手続によらないで、行使することができる。

　　　　第3目　管財人

（管財人の選任）

第109条 管財人は、裁判所が選任する。この場合においては、裁判所は、申立人の意見を聴かなければならない。

２ 法人は、管財人となることができる。

（管財人に対する監督等）

第110条 管財人は、裁判所が監督する。

２ 裁判所は、管財人が債務者の業務及び財産の管理を適切に行っていないとき、その他重要な事由があるときは、利害関係人の申立てにより又は職権で、管財人を解任することができる。この場合においては、申立人の意見を聴き、かつ、その管財人を審尋しなければならない。

（管財人代理）

第112条 管財人は、必要があるときは、その職務を行わせるため、自己の責任で１人又は数人の管財人代理を選任することができる。

２ 前項の管財人代理の選任については、裁判所の許可を得なければならない。

（管財人の権限）

第113条 実行手続開始の決定があった場合には、債務者の事業の経営並びに担保目的財産の管理及び処分をする権利は、裁判所が選任した管財人に専属する。

２ 裁判所は、実行手続開始後において、必要があると認めるときは、管財人が次に掲げる行為をするには裁判所の許可を得なければならないものとすることができる。

〈参考資料〉

　一　財産の譲受け

　二　借財

　三　訴えの提起

　四　和解又は仲裁合意（仲裁法（略）第2条第1項に規定する仲裁合意をいう。）

　五　権利の放棄

　六　共益債権、第107条第1項に規定する権利又は優先担保権の承認

　七　優先担保権の目的である財産の受戻し

　八　その他裁判所の指定する行為

3　略

（担保目的財産の管理）

第114条　管財人は、就職の後直ちに債務者の業務及び担保目的財産の管理に着手しなければならない。

（当事者適格）

第115条　債務者の財産関係の訴えについては、管財人を原告又は被告とする。

（郵便物等の管理）

第116条　裁判所は、管財人の職務の遂行のため必要があると認めるときは、信書の送達の事業を行う者に対し、債務者に宛てた郵便物又は民間事業者による信書の送達に関する法律（略）第2条第3項に規定する信書便物（次条及び第140条第5項において「郵便物等」という。）を管財人に配達すべき旨を嘱託することができる。

2～4　略

第117条　管財人は、債務者に宛てた郵便物等を受け取ったときは、これを開いて見ることができる。

2　債務者は、管財人に対し、管財人が受け取った前項の郵便物等の閲覧又は当該郵便物等で担保目的財産に関しないものの交付を求めることができる。

（管財人による調査）

第118条　管財人は、次に掲げる者に対して債務者の業務及び財産の状況につき報告を求め、債務者の帳簿、書類その他の物件を検査することができる。

　一　債務者の代理人

　二　債務者の取締役、会計参与、監査役、執行役、会計監査人、社員及び清算人

　三　前号に掲げる者に準ずる者

　四　債務者の従業者

2　管財人は、次に掲げる者に対しても債務者の業務及び財産の状況につき報告を求めることができる。

　一　前項各号に掲げる者であった者

　二　債務者の発起人、設立時取締役又は設立時監査役であった者

　三　第232条第2項に規定する認定事業性融資推進支援機関（現に債務者と第237条に規定する契約を締結しているものに限る。）

3　管財人は、その職務を行うため必要があるときは、債務者の子会社（会社法第2条第三号に規定する子会社をいう。第255条第4項において同じ。）に対して、その業務及び財産の状況につき報告を求め、又はその帳簿、書類その他の物件を検査することができる。

167

（管財人の注意義務）

第121条 管財人は、善良な管理者の注意をもって、その職務を行わなければならない。

2 管財人が前項の注意を怠ったときは、その管財人は、利害関係人に対し、連帯して損害を賠償する義務を負う。

（管財人の情報提供努力義務）

第122条 管財人は、労働組合等に対し、債務者の使用人その他の従業者の権利の行使に必要な情報を提供するよう努めなければならない。

（管財人の報酬等）

第123条 管財人は、費用の前払及び裁判所が定める報酬を受けることができる。

2 管財人は、その選任後、債務者に対する債権又は債務者の株式その他の債務者に対する出資による持分を譲り受け、又は譲り渡すには、裁判所の許可を得なければならない。

3 管財人は、前項の許可を得ないで同項に規定する行為をしたときは、費用及び報酬の支払を受けることができない。

4 第1項の規定による決定に対しては、執行抗告をすることができる。

5 前各項の規定は、管財人代理について準用する。

（管財人の任務終了の場合の報告義務等）

第124条 管財人の任務が終了した場合には、管財人は、遅滞なく、裁判所に計算の報告をしなければならない。

2～4 略

（財産の価額の評定等）

第125条 管財人は、実行手続開始後遅滞なく、担保目的財産につき、実行手続開始の時における価額を評定しなければならない。

2 管財人は、前項の規定による評定を完了したときは、直ちに実行手続開始の時における貸借対照表及び財産目録を作成し、これらを裁判所に提出しなければならない。

（裁判所への報告）

第126条 管財人は、実行手続開始後遅滞なく、次に掲げる事項を記載した報告書を、裁判所に提出しなければならない。

一 債務者の業務及び財産に関する経過及び現状

二 その他実行手続に関し必要な事項

2 管財人は、前項の規定によるもののほか、裁判所の定めるところにより、債務者の業務及び財産の管理状況その他裁判所の命ずる事項を裁判所に報告しなければならない。

　第4款 共益債権

（共益債権となる請求権）

第127条 次に掲げる請求権は、共益債権とする。

一 配当債権者等の共同の利益のためにする裁判上の費用の請求権

二 実行手続開始後の債務者の事業の経営並びに担保目的財産の管理及び処分に関する費用の請求権

三 第123条第1項及び第154条の規定により支払うべき費用及び報酬の請求権

四 債務者の業務及び財産に関し管財人が権限に基づいてした資金の借入れその他の行為によって生じた請求権

〈参考資料〉

　　五　事務管理又は不当利得により実行手続開始後に債務者に対して生じた請求権
　　六　債務者のために支出すべきやむを得ない費用の請求権で、実行手続開始後に生じたも
　　　の（前各号に掲げるものを除く。）
　（源泉徴収所得税等）
第128条　債務者に対して実行手続開始前の原因に基づいて生じた源泉徴収に係る所得税、
　　消費税、酒税、たばこ税、揮発油税、地方揮発油税、石油ガス税、石油石炭税、特別徴
　　収に係る国際観光旅客税、地方消費税、申告納付の方法により徴収する道府県たばこ税
　　（都たばこ税を含む。）及び市町村たばこ税（特別区たばこ税を含む。）並びに特別徴収義
　　務者が徴収して納入すべき地方税の請求権は、共益債権とする。
　（使用人の給料等）
第129条　債務者について実行手続開始の決定があった場合において、実行手続開始前6
　　月間の当該債務者の使用人の給料の請求権及び実行手続開始前の原因に基づいて生じた
　　当該債務者の使用人の身元保証金の返還請求権は、共益債権とする。
2　前項に規定する場合において、第169条第2項、第178条第1項又は第182条第1項の
　　規定による許可の前に退職した債務者の使用人の退職手当の請求権は、退職前6月間の給
　　料の総額に相当する額又はその退職手当の額の3分の1に相当する額のいずれか多い額を
　　共益債権とする。
3　前項の退職手当の請求権で定期金債権であるものは、同項の規定にかかわらず、各期に
　　おける定期金につき、その額の3分の1に相当する額を共益債権とする。
4　前2項の規定は、第127条の規定により共益債権とされる退職手当の請求権については、
　　適用しない。
5　第1項に規定する場合において、実行手続開始前の原因に基づいて生じた債務者の使用
　　人の預り金の返還請求権は、実行手続開始前6月間の給料の総額に相当する額又はその預
　　り金の額の3分の1に相当する額のいずれか多い額を共益債権とする。
　（共益債権の取扱い）
第130条　共益債権は、配当債権に先立って、弁済する。
2　共益債権に基づき債務者の財産に対し強制執行又は仮差押えがされている場合において、
　　その強制執行又は仮差押えが債務者の事業の継続又は換価に著しい支障を及ぼし、かつ、
　　債務者が他に換価の容易な財産を十分に有するときは、裁判所は、実行手続開始後におい
　　て、管財人の申立てにより又は職権で、担保を立てさせて、又は立てさせないで、その強
　　制執行又は仮差押えの中止又は取消しを命ずることができる。共益債権である共助対象外
　　国租税の請求権に基づき債務者の財産に対し国税滞納処分の例によってする処分がされて
　　いる場合におけるその処分の中止又は取消しについても、同様とする。
3・4　略
　（財産不足の場合の弁済方法等）
第131条　担保目的財産が共益債権の総額を弁済するのに足りないことが明らかになった
　　場合における共益債権は、法令に定める優先権にかかわらず、債権額の割合により弁済
　　する。ただし、共益債権について存する留置権、特別の先取特権、質権及び抵当権の効
　　力を妨げない。
2　前項の規定にかかわらず、同項に規定する場合における第127条第一号及び第二号に掲

169

げる共益債権、同条第三号に掲げる共益債権のうち第123条第1項の規定により支払うべき報酬に係るもの並びに第160条第4項に規定する共益債権は、他の共益債権に先立って、弁済する。

3　第1項に規定する場合には、裁判所は、管財人の申立てにより又は職権で、共益債権に基づき債務者の財産に対してされている強制執行又は仮差押えの手続の取消しを命ずることができる。共益債権である共助対象外国租税の請求権に基づき債務者の財産に対してされている国税滞納処分の例によってする処分の取消しについても、同様とする。

4　略

第5款　配当債権

第1目　劣後債権等の届出

（劣後債権者の債権届出）

第132条　実行手続に参加しようとする劣後債権者は、債権届出期間内に、次に掲げる事項を裁判所に届け出なければならない。

一　各劣後債権の内容及び原因並びに劣後担保権の内容

二　劣後担保権の目的である財産及びその価額（劣後担保権が企業価値担保権である場合にあっては、劣後担保権の目的である財産）

三　前二号に掲げるもののほか、最高裁判所規則で定める事項

（債権届出期間経過後の届出等）

第133条　劣後債権者がその責めに帰することができない事由によって債権届出期間内に劣後債権の届出をすることができなかった場合には、その事由が消滅した後1月以内に限り、その届出をすることができる。

2　前項に規定する1月の期間は、伸長し、又は短縮することができない。

3　債権届出期間の経過後に生じた劣後債権については、その権利の発生した後1月の不変期間内に、その届出をしなければならない。

4　第1項及び第2項の規定は、申立人又は劣後債権者が、その責めに帰することができない事由によって、債権届出期間の経過後に、申立人が第84条第1項（第一号及び第二号に係る部分に限る。）の規定により明らかにした事項又は劣後債権者が前条若しくは第1項若しくは前項の規定により届け出た事項について他の配当債権者の利益を害すべき変更を加える場合について準用する。

（租税等の請求権の届出等）

第136条　租税等の請求権（劣後債権であるものを除く。）を有する者は、遅滞なく、当該租税等の請求権の額、原因及び担保権の内容並びに当該租税等の請求権が第96条第2項の規定により失効した国税滞納処分による差押えに係るものである場合には当該差押えの年月日を裁判所に届け出なければならない。

2　略

第2目　配当債権の調査及び確定

（電子配当債権者表の作成等）

第137条　裁判所書記官は、申立債権及び届出があった配当債権について、最高裁判所規則で定めるところにより、電子配当債権者表（配当債権の調査の対象及び結果を明らかにするとともに、確定した配当債権に関する事項を明らかにするために裁判所書記官が作

成する電磁的記録をいう。以下同じ。）を作成しなければならない。

2　電子配当債権者表には、各配当債権について、第84条第１項第一号及び第二号に掲げる事項、第132条第一号及び第二号に掲げる事項、前条第１項に規定する事項その他最高裁判所規則で定める事項を記録しなければならない。

3〜9　略

（配当債権の調査の方法）

第138条　裁判所による配当債権の調査は、前条第２項に規定する事項について、管財人が作成した認否書並びに配当債権者及び債務者の書面による異議に基づいてする。

（認否書の作成及び提出）

第139条　管財人は、申立債権及び債権届出期間内に届出があった配当債権について、次に掲げる事項（特定被担保債権にあっては、第一号に掲げる事項）についての認否を記載した認否書を作成しなければならない。

　一　配当債権の内容

　二　劣後担保権の目的である財産の価額

2　管財人は、第133条第１項若しくは第３項の規定によりその届出があり、又は同条第４項の規定により変更があった配当債権についても、前項各号（特定被担保債権にあっては、同項第一号）に掲げる事項（当該変更があった場合にあっては、変更後の同項各号（特定被担保債権にあっては、同項第一号）に掲げる事項）についての認否を同項の認否書に記載することができる。

3　管財人は、第88条第１項に規定する配当債権の調査をするための期間（以下この目及び第７款において「一般調査期間」という。）前の裁判所の定める期限までに、前２項の規定により作成した認否書を裁判所に提出しなければならない。

4　第１項の規定により同項の認否書に認否を記載すべき事項であって前項の規定により提出された認否書に認否の記載がないものがあるときは、管財人において当該事項を認めたものとみなす。

5　第２項の規定により第１項各号（特定被担保債権にあっては、同項第一号）に掲げる事項（第133条第４項の規定により変更があった場合にあっては、変更後の第１項各号（特定被担保債権にあっては、同項第一号）に掲げる事項）についての認否を認否書に記載することができる配当債権について、第３項の規定により提出された認否書に当該事項の一部についての認否の記載があるときは、管財人において当該事項のうち当該認否書に認否の記載のないものを認めたものとみなす。

（一般調査期間における調査）

第140条　申立債権を有する者又は第132条、第133条若しくは第136条第１項の規定により配当債権の届出をした配当債権者（以下この目において「申立債権者等」という。）は、一般調査期間内に、裁判所に対し、前条第１項又は第２項に規定する配当債権についての同条第１項各号（特定被担保債権にあっては、同項第一号）に掲げる事項（第133条第４項の規定により変更があった場合にあっては、変更後の前条第１項各号（特定被担保債権にあっては、同項第一号）に掲げる事項）について、書面で異議を述べることができる。

2　債務者は、一般調査期間内に、裁判所に対し、前項に規定する配当債権の内容について、書面で異議を述べることができる。

3～5　略

（特別調査期間における調査）

第141条　裁判所は、第133条第1項若しくは第3項の規定によりその届出があり、又は同条第4項の規定により変更があった配当債権について、その調査をするための期間（以下この目において「特別調査期間」という。）を定めなければならない。ただし、当該配当債権について、管財人が、第139条第3項の規定により提出された認否書に、同条第2項の規定により同条第1項各号（特定被担保債権にあっては、同項第一号）に掲げる事項（第133条第4項の規定により変更があった場合にあっては、変更後の第139条第1項各号（特定被担保債権にあっては、同項第一号）に掲げる事項）の全部又は一部についての認否を記載している場合は、この限りでない。

2　前項の規定により特別調査期間が定められた場合には、当該特別調査期間に関する費用は、同項に規定する配当債権を有する者の負担とする。

3　管財人は、特別調査期間に係る配当債権については、第139条第1項各号（特定被担保債権にあっては、同項第一号）に掲げる事項（第133条第4項の規定により変更があった場合にあっては、変更後の第139条第1項各号（特定被担保債権にあっては、同項第一号）に掲げる事項）についての認否を記載した認否書を作成し、特別調査期間前の裁判所の定める期限までに、これを裁判所に提出しなければならない。この場合においては、同条第4項の規定を準用する。

4　申立債権者等にあっては前項の配当債権についての第139条第1項各号（特定被担保債権にあっては、同項第一号）に掲げる事項（第133条第4項の規定により変更があった場合にあっては、変更後の第139条第1項各号（特定被担保債権にあっては、同項第一号）に掲げる事項）につき、債務者にあっては当該配当債権の内容につき、特別調査期間内に、裁判所に対し、それぞれ書面で異議を述べることができる。

5　前条第3項から第5項までの規定は、特別調査期間を定める決定又はこれを変更する決定をした場合における電子裁判書の送達について準用する。

（特別調査期間に関する費用の予納）

第142条　前条第1項の規定により特別調査期間が定められた場合には、裁判所書記官は、相当の期間を定め、同条第2項に規定する配当債権を有する者に対し、同項の費用の予納を命じなければならない。

2　略

3　第1項の規定による処分に対しては、その告知を受けた日から1週間の不変期間内に、異議の申立てをすることができる。

4　前項の異議の申立ては、執行停止の効力を有する。

5～7　略

（異議等のない配当債権の確定）

第143条　第139条第1項各号（特定被担保債権にあっては、同項第一号）に掲げる事項（第133条第4項の規定により変更があった場合にあっては、変更後の第139条第1項各号（特定被担保債権にあっては、同項第一号）に掲げる事項）は、配当債権の調査において、管財人が認め、かつ、申立債権者等が一般調査期間内又は特別調査期間内に異議を述べなかったときは、確定する。

172

〈参考資料〉

2　第139条第1項第二号に掲げる事項（第133条第4項の規定により変更があった場合にあっては、変更後の同号に掲げる事項）について、配当債権の調査において、管財人が認めず、又は申立債権者等が異議を述べたときは、当該管財人又は当該異議を述べた申立債権者等が述べた同号の財産の価額のうち最も低いものにより確定する。ただし、当該財産について、第146条第1項の申立てがあった場合（同条第4項の規定により申立てが却下された場合を除く。）は、この限りでない。

3　略

4　第1項又は第2項の規定により確定した事項についての電子配当債権者表の記録は、配当債権者の全員に対して確定判決と同一の効力を有する。

（配当債権査定決定）

第144条　配当債権の調査において、配当債権の内容について管財人が認めず、又は申立債権者等が異議を述べた場合には、当該配当債権（以下この目及び第7款において「異議等のある配当債権」という。）を有する配当債権者は、当該管財人及び当該異議を述べた申立債権者等（以下この目において「異議者等」という。）の全員を相手方として、裁判所に、その内容についての査定の申立て（以下この目及び同款第2目において「配当債権査定申立て」という。）をすることができる。ただし、第148条第1項並びに第150条第1項及び第2項の場合は、この限りでない。

2　配当債権査定申立ては、異議等のある配当債権に係る一般調査期間又は特別調査期間の末日から1月の不変期間内にしなければならない。

3　配当債権査定申立てがあった場合には、裁判所は、これを不適法として却下する場合を除き、決定で、異議等のある配当債権の存否及び内容を査定する裁判（次項において「配当債権査定決定」という。）をしなければならない。

4　裁判所は、配当債権査定決定をする場合には、異議者等を審尋しなければならない。

5　配当債権査定申立てについての決定があった場合には、その電子裁判書を当事者に送達しなければならない。この場合においては、第75条第3項本文の規定は、適用しない。

（配当債権査定申立てについての決定に対する異議の訴え）

第145条　配当債権査定申立てについての決定に不服がある者は、その送達を受けた日から1月の不変期間内に、異議の訴え（以下この目及び第7款第2目において「配当債権査定異議の訴え」という。）を提起することができる。

2・3　略

4　配当債権査定異議の訴えは、これを提起する者が、異議等のある配当債権を有する配当債権者であるときは異議者等の全員を、異議者等であるときは当該配当債権者を、それぞれ被告としなければならない。

5　配当債権査定異議の訴えの口頭弁論は、第1項の期間を経過した後でなければ開始することができない。

6　同一の配当債権に関し配当債権査定異議の訴えが数個同時に係属するときは、弁論及び裁判は、併合してしなければならない。この場合においては、民事訴訟法第40条第1項から第3項までの規定を準用する。

7　配当債権査定異議の訴えについての判決においては、訴えを不適法として却下する場合を除き、配当債権査定申立てについての決定を認可し、又は変更する。

173

（劣後担保権の目的である財産についての価額決定の申立て）

第146条 劣後債権者は、配当債権の調査においてその有する劣後債権に係る劣後担保権の目的である財産の価額について管財人が認めず、又は申立債権者等が異議を述べた場合には、当該管財人及び当該異議を述べた申立債権者等（次条第7項第一号及び第二号において「価額異議者等」という。）の全員を相手方として、当該劣後債権に係る一般調査期間又は特別調査期間の末日から1月以内の期間（次項及び第151条において「価額決定申立期間」という。）に限り、裁判所に、当該財産についての価額決定の申立て（以下この目及び第177条第二号において「価額決定の申立て」という。）をすることができる。

2 裁判所は、やむを得ない事由がある場合に限り、前項の劣後債権者の申立てにより、価額決定申立期間を伸長することができる。

3 価額決定の申立てをする劣後債権者は、その手続の費用として裁判所の定める金額を予納しなければならない。

4 前項に規定する費用の予納がないときは、裁判所は、価額決定の申立てを却下しなければならない。

（劣後担保権の目的である財産の価額の決定）

第147条 価額決定の申立てがあった場合には、裁判所は、これを不適法として却下する場合を除き、評価人を選任し、前条第1項の財産の評価を命じなければならない。

2 前項の場合には、裁判所は、評価人の評価に基づき、決定で、同項の財産の価額を定めなければならない。

3 略

4 価額決定の申立てについての決定に対しては、当該価額決定の申立てに係る事件の当事者は、執行抗告をすることができる。

5 前項の執行抗告は、執行停止の効力を有する。

6 価額決定の申立てについての決定又は第4項の執行抗告についての裁判があった場合には、その電子裁書を同項に規定する当事者に送達しなければならない。この場合においては、第75条第3項本文の規定は、適用しない。

7 価額決定の申立てに係る手続に要した費用の負担は、次の各号に掲げる区分に応じ、当該各号に定めるところによる。

　一　第2項の決定により定められた価額（次号において「決定価額」という。）が前条第1項の劣後債権に係る劣後担保権についての届出価額と等しいか、又はこれを上回る場合　当該価額決定の申立ての相手方である価額異議者等の負担とする。

　二　決定価額が価額異議者等が配当債権の調査において述べた第1項の財産の価額のうち最も低いものと等しいか、又はこれを下回る場合　前条第1項の劣後債権者の負担とする。

　三　前二号に掲げる場合以外の場合　裁判所が、前二号に規定する者の全部又は一部に、その裁量で定める額を負担させる。

8 第4項の執行抗告に係る手続に要した費用は、当該執行抗告をした者の負担とする。

（異議等のある配当債権に関する訴訟の受継）

第148条 異議等のある配当債権に関し実行手続開始当時訴訟が係属する場合において、配当債権者がその内容の確定を求めようとするときは、異議者等の全員を当該訴訟の相

〈参考資料〉

手方として、訴訟手続の受継の申立てをしなければならない。

2　第144条第2項の規定は、前項の申立てについて準用する。

（主張の制限）

第149条　配当債権査定申立て、配当債権査定異議の訴え又は前条第1項の規定による受継があった訴訟に係る手続においては、配当債権者は、第84条第1項第一号及び第二号に掲げる事項又は第132条第一号に掲げる事項について、電子配当債権者表に記録されている事項のみを主張することができる。

（執行力ある債務名義のある債権に対する異議の主張）

第150条　異議等のある配当債権のうち執行力ある債務名義又は終局判決のあるものについては、異議者等は、債務者がすることのできる訴訟手続によってのみ、異議を主張することができる。

2　前項に規定する異議等のある配当債権に関し実行手続開始当時訴訟が係属する場合において、同項の異議者等が同項の規定による異議を主張しようとするときは、当該異議者等は、当該配当債権を有する配当債権者を相手方とする訴訟手続を受け継がなければならない。

3　第144条第2項の規定は第1項の規定による異議の主張又は前項の規定による受継について、第145条第5項及び第6項並びに前条の規定は前2項の場合について、それぞれ準用する。（以下略）

4　前項において準用する第144条第2項に規定する期間内に第1項の規定による異議の主張又は第2項の規定による受継がされなかった場合には、異議者等が申立債権者等であるときは第140条第1項又は第141条第4項の異議はなかったものとみなし、異議者等が管財人であるときは管財人においてその配当債権を認めたものとみなす。

（担保権の目的である財産を共通にする複数の劣後担保権がある場合の特例）

第151条　担保権の目的である財産を共通にする複数の劣後担保権（企業価値担保権を除く。）がある場合には、第147条第2項の決定は、当該劣後担保権に係る劣後債権者の全員につき価額決定申立期間（第146条第2項の規定により当該価額決定申立期間が伸長されたときは、その伸長された期間）が経過した後にしなければならない。この場合において、当該財産に係る数個の価額決定の申立てに係る事件が同時に係属するときは、事件を併合して裁判しなければならない。

（配当債権の確定に関する訴訟の結果等の記録）

第152条　裁判所書記官は、管財人又は配当債権者の申立てがあった場合には、最高裁判所規則で定めるところにより、配当債権の確定に関する訴訟の結果（配当債権査定申立てについての決定に対する配当債権査定異議の訴えが、第145条第1項に規定する期間内に提起されなかったとき、取り下げられたとき、又は却下されたときは、当該決定の内容）及び価額決定の申立てについての決定の内容を電子配当債権者表に記録しなければならない。

（配当債権の確定に関する訴訟の判決等の効力）

第153条　配当債権の確定に関する訴訟についてした判決は、配当債権者の全員に対して、その効力を有する。

2　配当債権査定申立てについての決定に対する配当債権査定異議の訴えが、第145条第1

175

項に規定する期間内に提起されなかったとき、取り下げられたとき、又は却下されたとき
は、当該決定は、配当債権者の全員に対して、確定判決と同一の効力を有する。

（訴訟費用の償還）

第154条 担保目的財産が配当債権の確定に関する訴訟（配当債権査定申立てについての決
定を含む。）によって利益を受けたときは、異議を主張した申立権者等は、その利益の
限度において、担保目的財産から訴訟費用の償還を受けることができる。

（実行手続終了の場合における配当債権の確定手続の取扱い）

第155条 実行手続が終了した際現に係属する配当債権査定申立ての手続及び価額決定の
申立ての手続は、実行手続が終了したときは終了するものとする。

2　実行手続が終了した際現に係属する配当債権査定異議の訴えに係る訴訟手続であって、
管財人が当事者でないものは、実行手続が終了したときは終了するものとする。

3　実行手続が終了した際現に係属する第148条第1項又は第150条第2項の規定による受
継があった訴訟手続であって、管財人が当事者でないものは、実行手続が終了したときは
中断するものとする。

4　前項の規定により訴訟手続が中断した場合においては、第98条第5項の規定を準用す
る。

（租税等の請求権等についての特例）

第156条 租税等の請求権及び共助対象外国租税の請求権（以下この条及び第7款において
「租税等の請求権等」という。）については、第138条から前条まで（劣後担保権の目的で
ある財産の価額の調査及び確定の手続に関する部分を除く。）の規定は、適用しない。

2～5　略

第6款　換価

第1目　通則

（換価の方法）

第157条 担保目的財産の換価は、裁判所の許可を得て、営業又は事業の譲渡によってす
る。

2　前項の規定にかかわらず、管財人は、必要があると認めるときは、担保目的財産に属す
る財産（民事執行法その他強制執行の手続に関する法令の規定による方法によって換価す
る場合にあっては、優先担保権の目的である財産を除く。）について、裁判所の許可を得て、
同法その他強制執行の手続に関する法令の規定による方法又は任意売却によって換価する
ことができる。ただし、次に掲げる場合には、裁判所の許可を要しない。

一　債務者の常務に属する任意売却をするとき。

二　裁判所が許可を要しないとしたとき。

3　略

4　裁判所は、第1項の許可をする場合には、次に掲げる者の意見を聴かなければならない。

一　知れている配当債権者

二　労働組合等

5　略

6　第1項の許可を得て債務者に係る営業又は事業の譲渡をする場合において、当該債務者
が株式会社であるときは、会社法第2編第7章の規定は、適用しない。

〈参考資料〉

（譲受人の財産の取得時期）

第158条　前条第１項の規定による営業若しくは事業の譲渡又は同条第２項の規定による担保目的財産に属する財産の換価がされる場合（民事執行法その他強制執行の手続に関する法令の規定による方法によって換価がされる場合を除く。）には、譲受人は、その代金の支払をした時に、その財産を取得する。

（許認可等の承継）

第159条　管財人は、第157条第１項の規定により債務者に係る営業又は事業の譲渡をしようとする場合には、裁判所に対し、当該債務者を相手方とする行政庁の許可、認可、免許その他の処分（以下この条において「許認可等」という。）に基づく権利及び義務を前条の譲受人に承継させることについての許可の申立てをすることができる。

２　裁判所は、前項の申立てがあった場合には、許認可等をした行政庁（許認可等があった後に当該行政庁の権限が他の行政庁に承継されたときは、当該他の行政庁）の意見を聴かなければならない。

３　前項の行政庁が許認可等の承継に反対する旨の意見を述べなかった場合には、裁判所は、第１項の許可をしなければならない。

４　第１項の許可があった場合には、前条の譲受人は、他の法令の規定にかかわらず、同条の代金の支払をした時に、許認可等に基づく権利及び義務を承継する。ただし、その承継に関し他の法令に禁止の定めがあるときは、この限りでない。

（劣後担保権の消滅等）

第160条　劣後担保権（企業価値担保権を除く。第４項において同じ。）及び重複担保権は、第157条第１項又は第２項の規定による当該劣後担保権又は当該重複担保権の目的である財産の換価（民事執行法その他強制執行の手続に関する法令の規定による換価を除く。第３項において同じ。）により消滅する。

２　担保目的財産の上に存する留置権については、第158条の譲受人は、これによって担保される債権を弁済する責めに任ずる。

３　利害関係を有する者の全員が第157条第１項又は第２項に規定する裁判所の許可がされる時までに、裁判所に対し、前２項の規定と異なる合意をした旨の届出をしたときは、換価による担保目的財産の上の権利の変動は、その合意に従う。

４　実行手続開始の決定の取消し若しくは実行手続廃止の決定が確定した場合又は実行手続開始の申立てが取り下げられた場合において、第１項の規定により消滅した劣後担保権に係る劣後債権を有する劣後債権者があるときは、当該劣後債権（当該劣後担保権の目的である財産の価額が実行手続開始の時における処分価格であるとした場合における当該劣後担保権によって担保された範囲のものに限る。以下この項において同じ。）は、共益債権とする。ただし、当該劣後債権者が第183条第１項に規定する中間配当により配当を受けていた場合には、当該共益債権の額は、当該劣後債権の額から当該劣後債権者が当該中間配当により配当を受けた額を控除した額とする。

（代金支払による登記等の抹消の申請）

第161条　管財人は、第157条第１項の規定による営業若しくは事業の譲渡又は同条第２項の規定による担保目的財産に属する財産の換価（民事執行法その他強制執行の手続に関する法令の規定による換価を除く。）がされた場合において、その代金の支払があったとき

177

は、遅滞なく、次に掲げる登記の抹消を申請しなければならない。

一　換価により消滅した劣後担保権又は重複担保権に係る登記

二　第96条第2項の規定により失効した差押え、仮差押え又は仮処分に係る登記

2　前項の規定による登記の抹消の申請に要する登録免許税その他の費用は、第158条の譲受人の負担とする。

3　略

第2目　優先担保権の目的である財産の処分等

（優先担保権の目的である財産の処分）

第162条　管財人は、優先担保権の目的である財産について、当該財産に係る全ての優先担保権者がその有する優先担保権の被担保債権の全部の弁済を受けることが明らかである場合に限り、裁判所の許可を得て、民事執行法その他強制執行の手続に関する法令の規定により、当該財産の換価をすることができる。この場合においては、優先担保権者は、その換価を拒むことができない。

2　前項の場合において、優先担保権者が受けるべき金額がまだ確定していないときは、管財人は、代金を別に寄託しなければならない。この場合においては、優先担保権は、寄託された代金につき存する。

（優先担保権者が処分をすべき期間の指定）

第163条　優先担保権者が法律に定められた方法によらないで優先担保権の目的である財産の処分をする権利を有する場合において、その処分により当該優先担保権の被担保債権の全部の弁済を受けることが明らかである場合に限り、裁判所は、管財人の申立てにより、優先担保権者がその処分をすべき期間を定めることができる。

2　優先担保権者は、前項の期間内に処分をしないときは、同項の権利を失う。

3～5　略

第7款　配当

第1目　通則

（配当の方法等）

第164条　配当債権者等は、配当債権又は不特定被担保債権について、この款の定めるところに従い、担保目的財産から、配当を受けることができる。

2　配当債権者等は、管財人がその職務を行う場所において配当を受けなければならない。ただし、管財人と配当債権者等との合意により別段の定めをすることを妨げない。

3　管財人は、配当をしたときは、その配当をした金額を記載した報告書を裁判所に提出しなければならない。この場合においては、裁判所書記官は、最高裁判所規則で定めるところにより、当該報告書に記載された金額を電子配当債権者表に記録しなければならない。

4　管財人は、配当してなお残余があるときは、これを債務者に交付しなければならない。

（配当の順位）

第165条　配当の順位は、この法律及び民法、商法（略）その他の法律の定める優先順位による。

2　同一順位において配当をすべき配当債権については、それぞれその債権の額の割合に応じて、配当をする。

（特定被担保債権及び不特定被担保債権に対する配当）

〈参考資料〉

第166条 管財人は、企業価値担保権の特定被担保債権に対する配当をする場合には、当該企業価値担保権を有する企業価値担保権者に対して配当をする。

2 前項の企業価値担保権者に対する配当額は、配当可能額（第一号に掲げる金額（当該企業価値担保権者に先立って配当を受けることができる配当債権者等がある場合にあっては、同号に掲げる金額から第二号に掲げる金額を減じて得た額）をいう。）から不特定被担保債権留保額を控除した額を限度とする。

一 次目から第6目までの規定により配当をすることができる金額

二 当該企業価値担保権者に先立って当該配当債権者等が次目から第6目までの規定による配当を受けることができる金額

3 管財人は、不特定被担保債権留保額を第1項の企業価値担保権の不特定被担保債権に対する配当として、同項の企業価値担保権者に対して交付する。

（劣後債権に対する配当）

第167条 劣後債権（特定被担保債権を除く。以下この条において同じ。）に対する配当額は、劣後債権のうち、劣後担保権の目的である財産の価額が実行手続開始の時における処分価格であるとした場合における当該劣後担保権によって担保された範囲の額を限度とする。

（配当の許可後に実行手続の停止の申立て等があった場合の取扱い）

第168条 次条第2項、第178条第1項又は第182条第1項の許可後に第91条第1項第一号の申立て又は同項第二号イからニまでに掲げる文書若しくは電磁的記録の提出があった場合において、申立人の他に配当を受けるべき配当債権者等があるときは、管財人は、その配当債権者等のために配当を実施しなければならない。

2 前項の許可後に第91条第1項第二号ホ又はへに掲げる文書の提出があった場合においても、管財人は、配当を実施しなければならない。

第2目 最後配当

（配当）

第169条 管財人は、一般調査期間の経過後であって担保目的財産の換価の終了後においては、第189条第1項に規定する場合を除き、遅滞なく、第132条、第133条又は第136条第1項の規定により配当債権の届出をした配当債権者（特定被担保債権者を除く。以下この款において「届出をした配当債権者」という。）及び第166条第1項に規定する企業価値担保権者に対し、この目の規定による配当（以下この節において「最後配当」という。）をしなければならない。

2 管財人は、最後配当をするには、裁判所の許可を得なければならない。

3 前項の規定による許可をする場合において、裁判所は、債務者についての清算手続又は破産手続の公正な実施に特に必要と認めるときは、第8条第2項第一号ハに規定する政令で定めるところにより算定した額に加える額を定めるものとする。

4 裁判所は、管財人の意見を聴いて、あらかじめ、最後配当をすべき時期を定めることができる。

（配当表）

第170条 管財人は、前条第2項の規定による許可があったときは、遅滞なく、次に掲げる事項を記載した配当表を作成し、これを裁判所に提出しなければならない。

一　最後配当の手続に参加することができる配当債権者等の氏名又は名称及び住所

　二　最後配当の手続に参加することができる債権の額（第166条第１項に規定する企業価値担保権者にあっては、不特定被担保債権留保額を含む。）

　三　最後配当をすることができる金額

２　略

（配当の公告等）

第171条　管財人は、前条第１項の規定により配当表を裁判所に提出した後、遅滞なく、最後配当の手続に参加することができる債権の総額及び最後配当をすることができる金額を公告し、又は届出をした配当債権者及び第166条第１項に規定する企業価値担保権者に通知しなければならない。

２　前項の規定による通知は、その通知が通常到達すべきであった時に、到達したものとみなす。

３　第１項の規定による通知が届出をした配当債権者及び第166条第１項に規定する企業価値担保権者に通常到達すべきであった時を経過したときは、管財人は、遅滞なく、その旨を裁判所に届け出なければならない。

（配当債権の除斥）

第173条　異議等のある配当債権（第150条第１項に規定するものを除く。）について最後配当の手続に参加するには、当該異議等のある配当債権を有する配当債権者が、第171条第１項の規定による公告が効力を生じた日又は同条第３項の規定による届出があった日から起算して２週間以内に、管財人に対し、当該異議等のある配当債権の確定に関する配当債権査定申立てに係る査定の手続、配当債権査定異議の訴えに係る訴訟手続又は第148条第１項の規定による受継があった訴訟手続が係属していることを証明しなければならない。

（配当表の更正）

第174条　次に掲げる場合には、管財人は、直ちに、配当表を更正しなければならない。

　一　電子配当債権者表を更正すべき事由が前条に規定する期間（以下この款において「最後配当に関する除斥期間」という。）内に生じたとき。

　二　前条に規定する事項につき最後配当に関する除斥期間内に証明があったとき。

（配当表に対する異議）

第175条　届出をした配当債権者又は第166条第１項に規定する企業価値担保権者で配当表の記載に不服があるものは、最後配当に関する除斥期間が経過した後１週間以内に限り、裁判所に対し、異議を申し立てることができる。

２　裁判所は、前項の規定による異議の申立てを理由があると認めるときは、管財人に対し、配当表の更正を命じなければならない。

３　第１項の規定による異議の申立てについての裁判に対しては、執行抗告をすることができる。この場合においては、配当表の更正を命ずる決定に対する執行抗告の期間は、第77条第１項の規定により利害関係人がその電子裁判書の閲覧を請求することができることとなった日から起算する。

４・５　略

（配当額の定め及び通知）

180

〈参考資料〉

第176条 管財人は、前条第1項に規定する期間が経過した後（同項の規定による異議の申立てがあったときは、当該異議の申立てに係る手続が終了した後）、遅滞なく、最後配当の手続に参加することができる配当債権者等に対する配当額を定めなければならない。

2 次項の規定による配当額の通知を発する前に、新たに最後配当に充てることができる財産があるに至ったときは、管財人は、遅滞なく、配当表を更正しなければならない。

3 管財人は、前2項の規定により定めた配当額を、最後配当の手続に参加することができる配当債権者等に通知しなければならない。

（配当額の供託）

第177条 管財人は、次に掲げる配当額を、これを受けるべき配当債権者等のために供託しなければならない。

　一　異議等のある配当債権であって前条第3項の規定による配当額の通知を発した時にその確定に関する配当債権査定申立てに係る査定の手続、配当債権査定異議の訴えに係る訴訟手続、第148条第1項若しくは第150条第2項の規定による受継があった訴訟手続又は同条第1項の規定による異議の主張に係る訴訟手続が係属しているものに対する配当額

　二　第146条第1項の劣後債権であって前条第3項の規定による配当額の通知を発した時に当該劣後債権に係る劣後担保権の目的である財産についての価額決定の申立ての手続が係属しているものに対する配当額

　三　租税等の請求権等であって前条第3項の規定による配当額の通知を発した時に審査請求、訴訟（刑事訴訟を除く。）その他の不服の申立ての手続が終了していないものに対する配当額

　四　停止条件付債権又は不確定期限付債権である配当債権に対する配当額

　五　配当債権者等が受け取らない配当額

　　第3目　簡易配当

（簡易配当）

第178条 裁判所は、第169条第1項の規定により管財人が最後配当をしなければならない場合において、次に掲げるときは、管財人の申立てにより、最後配当に代えてこの目の規定による配当（以下この節において「簡易配当」という。）をすることを許可することができる。

　一　配当をすることができる金額が千万円に満たないと認められるとき。

　二　裁判所が、第89条第1項の規定により同項第五号に掲げる事項を公告し、かつ、その旨を申立人及び知れている配当債権者等に対し同条第3項（第一号に係る部分に限る。）の規定により通知した場合において、届出をした配当債権者及び第166条第1項に規定する企業価値担保権者が第89条第1項第五号に規定する時までに異議を述べなかったとき。

　三　前二号に掲げるもののほか、相当と認められるとき。

2 管財人は、前項の規定による許可があった場合には、次条において準用する第170条第1項の規定により配当表を裁判所に提出した後、遅滞なく、届出をした配当債権者及び第166条第1項に規定する企業価値担保権者に対する配当見込額を定めて、簡易配当の手続に参加することができる債権の総額、簡易配当をすることができる金額及び当該配当見込

額を届出をした配当債権者及び同項に規定する企業価値担保権者に通知しなければならない。

3　前項の規定による通知は、その通知が通常到達すべきであった時に、到達したものとみなす。

4　第２項の規定による通知が届出をした配当債権者及び第166条第１項に規定する企業価値担保権者に通常到達すべきであった時を経過したときは、管財人は、遅滞なく、その旨を裁判所に届け出なければならない。

（準用）

第179条　簡易配当については、前目（第169条第１項、第２項及び第４項、第171条、第175条第３項から第５項まで並びに第176条第３項を除く。）の規定を準用する。（以下略）

（簡易配当の許可の取消し）

第180条　管財人は、第178条第１項（第三号に係る部分に限る。）の規定による許可があった場合において、同条第２項の規定による通知をするときは、同時に、簡易配当をすることにつき異議のある配当債権者等は裁判所に対し同条第４項の規定による届出の日から起算して１週間以内に異議を述べるべき旨をも通知しなければならない。この場合において、届出をした配当債権者又は第166条第１項に規定する企業価値担保権者が第178条第４項の規定による届出の日から起算して１週間以内に異議を述べたときは、裁判所は、当該許可を取り消さなければならない。

（適用除外）

第181条　第178条第１項の規定による簡易配当の許可は、第183条第１項に規定する中間配当をした場合は、することができない。

第４目　同意配当

第182条　裁判所は、第169条第１項の規定により管財人が最後配当をしなければならない場合において、管財人の申立てがあったときは、最後配当に代えてこの条の規定による配当（以下この節において「同意配当」という。）をすることを許可することができる。この場合において、管財人の申立ては、届出をした配当債権者及び第166条第１項に規定する企業価値担保権者の全員が、管財人が定めた配当表、配当額並びに配当の時期及び方法について同意している場合に限り、することができる。

2　前項の規定による許可があった場合には、管財人は、同項後段の配当表、配当額並びに配当の時期及び方法に従い、同項後段の届出をした配当債権者及び同項後段の企業価値担保権者に対して同意配当をすることができる。

3　同意配当については、第169条第３項、第170条及び第172条の規定を準用する。（以下略）

第５目　中間配当

（中間配当）

第183条　管財人は、一般調査期間の経過後であって担保目的財産の換価の終了前において、配当をするのに適当な担保目的財産に属する金銭があると認めるときは、最後配当に先立って、届出をした配当債権者及び第166条第１項に規定する企業価値担保権者に対し、この目の規定による配当（以下この目において「中間配当」という。）をすることができる。

〈参考資料〉

2　管財人は、中間配当をするには、裁判所の許可を得なければならない。

3　中間配当については、第169条第3項、第170条、第171条及び第173条から第175条までの規定を準用する。(以下略)

(配当率の定め及び通知)

第184条　管財人は、前条第3項において準用する第175条第1項に規定する期間が経過した後(同項の規定による異議の申立てがあったときは、当該異議の申立てについての決定があった後)、遅滞なく、配当率を定めて、その配当率を中間配当の手続に参加することができる配当債権者等に通知しなければならない。

(解除条件付債権の取扱い)

第185条　解除条件付債権である配当債権については、相当の担保を供しなければ、中間配当を受けることができない。

2　略

(配当額の寄託)

第187条　中間配当を行おうとする管財人は、次に掲げる配当債権に対する配当額を寄託しなければならない。

一　確定期限付債権である配当債権

二　異議等のある配当債権であって、第177条第一号に規定する手続が係属しているもの

三　第146条第1項の劣後債権であって、第177条第二号に規定する手続が係属しているもの

四　租税等の請求権等であって、第184条の規定による配当率の通知を発した時に第177条第三号に規定する手続が終了していないもの

五　停止条件付債権又は不確定期限付債権である配当債権

六　解除条件付債権である配当債権であって、第185条第1項の規定による担保が供されていないもの

2　前項(第一号に係る部分に限る。)の規定により同号に掲げる配当債権に対する配当額を寄託した場合には、最後配当において管財人は、その寄託した配当額を当該配当債権(最後配当までに当該配当債権の弁済期が到来した場合を含む。)を有する配当債権者に支払わなければならない。

3　第1項(第二号から第五号までに係る部分に限る。)の規定により当該各号に掲げる配当債権に対する配当額を寄託した場合において、最後配当において第177条(第一号から第四号までに係る部分に限る。)の規定により当該配当債権に対する配当額を供託するときは、管財人は、その寄託した配当額をこれを受けるべき配当債権者のために供託しなければならない。

4　第1項(第六号に係る部分に限る。)の規定により同号に掲げる配当債権に対する配当額を寄託した場合において、当該配当債権の条件が最後配当に関する除斥期間内に成就しないときは、管財人は、その寄託した配当額を当該配当債権を有する配当債権者に支払わなければならない。

第6目　追加配当

第188条　第176条第3項の規定による配当額の通知を発した後(簡易配当にあっては第179条において準用する第175条第1項に規定する期間を経過した後、同意配当にあって

183

は第182条第1項の規定による許可があった後)、新たに配当に充てることができる相当
の財産があることが確認されたときは、管財人は、裁判所の許可を得て、最後配当、簡
易配当又は同意配当とは別に、届出をした配当債権者及び第166条第1項に規定する企業
価値担保権者に対し、この条の規定による配当(以下この条及び第191条第1項において
「追加配当」という。)をしなければならない。

2・3 略

4 管財人は、第1項の規定による許可があったときは、遅滞なく、追加配当の手続に参加
することができる配当債権者等に対する配当額を定めなければならない。

5 管財人は、前項の規定により定めた配当額を、追加配当の手続に参加することができる
配当債権者等に通知しなければならない。

6・7 略

第8款 実行手続の終了

(費用不足の場合の実行手続廃止の決定)

第189条 裁判所は、実行手続開始の決定があった後、担保目的財産をもって実行手続の
費用を支弁するのに不足すると認めるときは、管財人の申立てにより又は職権で、実行
手続廃止の決定をしなければならない。この場合においては、裁判所は、配当債権者等
の意見を聴かなければならない。

2 裁判所は、前項の規定による実行手続廃止の決定をしたときは、直ちに、その主文及び
理由の要旨を公告し、かつ、その電子裁判書を債務者及び管財人に送達しなければならな
い。

3 裁判所は、第1項の申立てを棄却する決定をしたときは、その電子裁判書を管財人に送
達しなければならない。この場合においては、第75条第3項本文の規定は、適用しない。

4 第1項の規定による実行手続廃止の決定及び同項の申立てを棄却する決定に対しては、
執行抗告をすることができる。

5 第1項の規定による実行手続廃止の決定を取り消す決定が確定したときは、当該実行手
続廃止の決定をした裁判所は、直ちに、その旨を公告しなければならない。

6 略

7 担保目的財産の上に存する企業価値担保権は、第1項の規定による実行手続廃止の決定
が確定したときは消滅する。

(申立債権の弁済による実行手続廃止の決定)

第190条 裁判所は、担保目的財産の換価の終了前において、担保目的財産によって申立
債権の全額を弁済することができ、かつ、これにより利害関係人に不利益を及ぼすおそ
れがないと認めるときは、管財人の申立てにより、申立債権の全額を弁済することを許
可することができる。

2 裁判所は、前項の許可の決定をしたときは、直ちに、その主文及び理由の要旨を公告し、
かつ、その電子裁判書を債務者及び管財人に送達しなければならない。

3 裁判所は、第1項の申立てを棄却する決定をしたときは、その電子裁判書を管財人に送
達しなければならない。この場合においては、第75条第3項本文の規定は、適用しない。

4 第1項の申立てについての裁判に対しては、執行抗告をすることができる。

5 管財人は、第1項の許可の決定が確定したときは、申立債権を有する特定被担保権者

〈参考資料〉

に対して申立債権の全額を弁済しなければならない。

6　裁判所は、前項の規定による弁済があったときは、実行手続廃止の決定をしなければならない。

7　裁判所は、前項の規定により実行手続廃止の決定をしたときは、直ちに、その主文及び理由の要旨を公告し、かつ、これを債務者に通知しなければならない。

8　略

9　申立人の企業価値担保権は、第6項の規定による実行手続廃止の決定が確定したときは消滅する。

（実行手続終結の決定）

第191条　裁判所は、最後配当、簡易配当又は同意配当が終了したときは、実行手続終結の決定をしなければならない。ただし、追加配当の見込みがある場合は、この限りでない。

2　裁判所は、前項の規定により実行手続終結の決定をしたときは、直ちに、次に掲げる事項（債務者について清算手続又は破産手続が開始されている場合には、第三号に掲げる事項を除く。）を公告し、かつ、これを債務者に通知しなければならない。

一　主文

二　理由の要旨

三　第62条第3項各号のいずれかに該当する場合には、企業価値担保権信託契約に係る信託は終了すること。

3　略

（実行手続廃止後又は実行手続終結後の電子配当債権者表の記録の効力）

第192条　第189条第1項若しくは第190条第6項の規定による実行手続廃止の決定が確定したとき、又は前条第1項の規定による実行手続終結の決定があったときは、確定した配当債権については、電子配当債権者表の記録は、債務者に対し、確定判決と同一の効力を有する。この場合において、配当債権者は、確定した配当債権について、当該債務者に対し、電子配当債権者表の記録により強制執行をすることができる。

2　前項の規定は、債務者が第140条第2項又は第141条第4項の規定による異議を述べた場合には、適用しない。

　　第9款　雑則

　　　第1目　登記（第193条・第194条）　略

　　　第2目　破産手続の特則

（実行手続開始の決定があった場合の破産事件の移送）

第195条　裁判所（破産事件を取り扱う1人の裁判官又は裁判官の合議体をいう。以下この目において同じ。）は、破産手続開始の決定の前後を問わず、同一の債務者につき実行手続開始の決定があった場合において、当該破産事件を処理するために相当であると認めるときは、職権で、当該破産事件を執行裁判所に移送することができる。

（破産手続開始の申立て）

第196条　実行手続開始の決定から当該実行手続が終了するまでの間、管財人は、債務者に破産手続開始の原因となる事実があるときは、当該債務者について破産手続開始の申立てをすることができる。

2 前項の債務者の財産がその債務を完済するのに足りないことが明らかになったときは、管財人は、直ちに同項の破産手続開始の申立てをしなければならない。

3・4 略

（破産手続開始の申立てを棄却する決定に対する抗告）

第197条 管財人は、破産法第9条前段の規定にかかわらず、前条第1項の規定による破産手続開始の申立てを棄却する決定に対して、即時抗告をすることができる。

（破産手続開始の決定と同時に定めるべき事項等に関する特則）

第198条 実行手続開始の決定から当該実行手続が終了するまでの間に、債務者につき破産手続開始の決定があった場合には、破産法第31条第1項の規定にかかわらず、裁判所は、同項各号の期間及び期日を定めないものとする。

2 前項の場合において、裁判所は、破産手続の進行に支障を来すおそれがないと認めるときは、速やかに、破産法第31条第1項各号の期間又は期日を定めなければならない。

3 略

（破産管財人を当事者とする訴訟等の特則）

第199条 破産手続開始の決定から当該破産手続が終了するまでの間に、破産者につき実行手続開始の決定があったときは、破産管財人を当事者とする破産者の財産関係の訴訟手続は、中断する。

2 第98条第2項から第6項までの規定は、前項の規定により中断した訴訟手続について準用する。この場合において、同条第5項及び第6項中「債務者」とあるのは、「破産管財人（破産手続の終了後にあっては、債務者）」と読み替えるものとする。

3 実行手続開始の決定から当該実行手続が終了するまでの間に、債務者につき破産手続開始の決定があったときは、破産法第44条第1項の規定にかかわらず、同項に規定する破産財団に関する訴訟手続（当該決定があったときに中断中のものを除く。）は、中断しないものとする。

4 略

5 債務者につき実行手続開始の決定があり、かつ、当該債務者を破産者とする破産手続開始の決定があった場合において、当該実行手続開始の決定から当該実行手続が終了するまでの間は、破産法第80条の規定は、適用しない。

（双務契約に関する特則）

第200条 債務者につき実行手続開始の決定があり、かつ、当該債務者を破産者とする破産手続開始の決定があった場合において、破産管財人は、当該実行手続開始の決定から当該実行手続が終了するまでの間に、破産法第53条第1項若しくは民法第642条第1項の規定により契約を解除しようとするとき又は同法第631条前段の規定により解約の申入れをしようとするときは、管財人の同意を得なければならない。

2 破産管財人は、前項の同意を得た場合には、破産法第53条第1項若しくは民法第642条第1項の規定による契約の解除権又は同法第631条前段の規定による解約の申入れをする権利（以下この条及び次条において「解除権等」という。）の行使に関し必要な範囲内で、担保目的財産に関し、金銭の収支その他の財産の管理及び処分をすることができる。

3 第1項に規定する場合において、解除権等の行使に係る相手方（第5項及び次条において「相手方」という。）は、破産法第53条第2項前段（同条第3項において準用する場合

〈参考資料〉

を含む。次項において同じ。）の規定による催告を、管財人に対してもすることができる。管財人が当該催告を受けたときは、速やかに、その旨を第1項の破産管財人に通知しなければならない。

4　第1項に規定する場合において、管財人又は破産管財人が前項又は破産法第53条第2項前段の規定による催告を受けたときは、同項後段（同条第3項において準用する場合を含む。）の規定にかかわらず、当該破産管財人が同条第2項前段の規定による催告の期間内に確答をしないときは、当該破産管財人は、解除権等を放棄したものとみなす。

5　第1項に規定する場合において、破産法第53条第1項の規定により契約の解除があったときは、相手方は、実行手続において、債務者の受けた反対給付が担保目的財産中に現存するときは、その返還を請求することができ、現存しないときは、その価額について共益債権者としてその権利を行使することができる。

（破産管財人の解除権等の行使に関する訴訟手続の取扱い）

第201条　債務者につき実行手続開始の決定があり、かつ、当該債務者を破産者とする破産手続開始の決定があった場合において、破産管財人は、相手方及び管財人間の訴訟が係属するときは、解除権等を行使するため、相手方を被告として、当事者としてその訴訟に参加することができる。ただし、当該訴訟の目的である権利又は義務に係る請求をする場合に限る。

2　債務者につき実行手続開始の決定があり、かつ、当該債務者を破産者とする破産手続開始の決定があった場合において、管財人は、破産管財人が当事者である解除権等の行使に係る訴訟が係属するときは、当該訴訟の目的である権利又は義務に係る請求をするため、相手方を被告として、当事者としてその訴訟に参加することができる。

3　前項に規定する場合には、相手方は、同項の訴訟の口頭弁論の終結に至るまで、同項の管財人を被告として、当該訴訟の目的である権利又は義務に係る訴えをこれに併合して提起することができる。

4　略

（管財人の管理処分権の優先）

第202条　債務者につき実行手続開始の決定があり、かつ、当該債務者を破産者とする破産手続開始の決定があった場合において、第一号に掲げる権利と第二号に掲げる権利とが競合するときは、第一号に掲げる権利は、第二号に掲げる権利に優先する。

　一　第113条第1項の規定により管財人に専属する債務者の事業の経営並びに担保目的財産の管理及び処分をする権利

　二　破産法第78条第1項の規定により破産管財人に専属する破産財団に属する財産の管理及び処分をする権利

（破産債権の行使に関する特則）

第203条　債務者につき実行手続開始の決定があり、かつ、当該債務者を破産者とする破産手続開始の決定があった場合において、破産法第100条第1項の規定は、破産債権について、実行手続により、弁済をし、弁済を受け、その他これを消滅させる行為をするときは、適用しない。

（否認権に関する特則）

第204条　債務者につき実行手続開始の決定があり、かつ、当該債務者を破産者とする破

産手続開始の決定があった場合において、破産管財人は、当該実行手続開始の決定から当該実行手続が終了するまでの間に、否認権を行使しようとするときは、管財人の同意を得なければならない。ただし、当該実行手続の申立人の有する企業価値担保権の設定を否認する場合を除く。

2　破産管財人は、前項の同意を得た場合には、否認権の行使に関し必要な範囲内で、担保目的財産に関し、金銭の収支その他の財産の管理及び処分をすることができる。

3　前項に規定する場合には、否認権の行使に係る相手方（次条において「相手方」という。）は、次の各号に掲げる区分に応じ、実行手続において当該各号に定める権利を行使することができる。

一　破産手続において破産法第168条第1項（第一号に係る部分に限る。）又は第170条の2第1項本文の規定により反対給付の返還を請求する権利を有する場合　当該反対給付の返還を請求する権利

二　破産手続において破産法第168条第1項（第二号に係る部分に限る。）又は第170条の2第1項の規定により財団債権者として反対給付の価額の償還を請求する権利を有する場合　共益債権者として当該反対給付の価額の償還を請求する権利

三　破産手続において破産法第168条第2項（第一号又は第三号に係る部分に限る。）又は第170条の2第2項の規定により財団債権者として現存利益の返還を請求する権利を有する場合　共益債権者として当該現存利益の返還を請求する権利

（否認権に関する訴訟手続の取扱い）

第205条　債務者につき実行手続開始の決定があり、かつ、当該債務者を破産者とする破産手続開始の決定があった場合において、破産管財人は、相手方及び管財人間の訴訟が係属するときは、否認権を行使するため、相手方を被告として、当事者としてその訴訟に参加することができる。ただし、当該訴訟の目的である権利又は義務に係る請求をする場合に限る。

2　債務者につき実行手続開始の決定があり、かつ、当該債務者を破産者とする破産手続開始の決定があった場合において、破産管財人が当事者である否認の訴え（破産法第45条第2項の規定により受継された訴訟手続及び同法第175条第1項の訴えを含む。以下この項において同じ。）が係属するときは、管財人は、破産管財人が当事者である否認の訴えの目的である権利又は義務に係る請求をするため、相手方を被告として、当事者としてその訴訟に参加することができる。

3　前項に規定する場合には、相手方は、同項の訴訟の口頭弁論の終結に至るまで、同項の管財人を被告として、当該訴訟の目的である権利又は義務に係る訴えをこれに併合して提起することができる。

4　略

（企業価値担保権の実行をすべき期間の指定）

第206条　破産者の総財産を目的とする企業価値担保権が存在する場合には、裁判所は、破産管財人の申立てにより、企業価値担保権者がその実行をすべき期間を定めることができる。

2　企業価値担保権者は、前項の期間内にその実行をしないときは、企業価値担保権の実行をすることができない。

〈参考資料〉

3・4　略

（破産法の適用除外）

第207条　債務者につき実行手続開始の決定があり、かつ、当該債務者を破産者とする破産手続開始の決定があった場合において、当該実行手続開始の決定から当該実行手続が終了するまでの間は、破産法第3章第2節、第4章第3節、第6章第1節、第8章及び第9章の規定は、適用しない。

第3目　再生手続の特則

（実行手続開始の決定があった場合の再生事件の移送）

第208条　裁判所（再生事件を取り扱う1人の裁判官又は裁判官の合議体をいう。次条第1項及び第2項において同じ。）は、再生手続開始の決定の前後を問わず、同一の債務者につき実行手続開始の決定があった場合において、当該再生事件を処理するために相当であると認めるときは、職権で、当該再生事件を執行裁判所に移送することができる。

（再生手続開始の決定と同時に定めるべき事項等に関する特則）

第209条　実行手続開始の決定から当該実行手続が終了するまでの間に、債務者につき再生手続開始の決定があった場合には、民事再生法（略）第34条第1項の規定にかかわらず、裁判所は、同項の期間を定めないものとする。

2　前項の場合において、裁判所は、再生手続の進行に支障を来すおそれがないと認めるときは、速やかに、民事再生法第34条第1項の期間を定めなければならない。

3　略

（再生債務者等を当事者とする訴訟等の特則）

第210条　再生手続開始の決定から当該再生手続が終了するまでの間に、再生債務者につき実行手続開始の決定があったときは、再生債務者又は再生手続における管財人を当事者とする再生債務者の財産関係の訴訟手続は、中断する。

2　第98条第2項から第6項までの規定は、前項の規定により中断した訴訟手続について準用する。（以下略）

3　実行手続開始の決定から当該実行手続が終了するまでの間に、債務者につき再生手続開始の決定があったときは、民事再生法第40条第1項の規定にかかわらず、同項に規定する訴訟手続（当該決定があったときに中断中のものを除く。）は、中断しないものとする。

4　略

5　債務者につき実行手続開始の決定があり、かつ、当該債務者を再生債務者とする再生手続開始の決定があった場合において、当該実行手続開始の決定から当該実行手続が終了するまでの間は、民事再生法第67条第1項の規定は、適用しない。

（実行手続の管財人の管理処分権の優先）

第211条　再生手続開始の決定から当該再生手続が終了するまでの間に、再生債務者につき実行手続開始の決定があった場合において、第一号に掲げる権利と第二号に掲げる権利とが競合するときは、第一号に掲げる権利は、第二号に掲げる権利に優先する。

一　第113条第1項の規定により管財人に専属する債務者の事業の経営並びに担保目的財産の管理及び処分をする権利

二　民事再生法第66条の規定により管財人に専属する再生債務者の業務の遂行並びに財産の管理及び処分をする権利

189

（再生手続の進行に関する特則）

第212条 再生手続開始の決定の前後を問わず、同一の債務者に係る実行手続開始の決定があったときは、当該債務者に係る実行手続が終了し、又は停止するまでの間、当該債務者に係る再生手続は中止する。

2 民事再生法第2章（第23条から第25条まで、第31条から第33条まで、第34条第2項及び第35条から第37条までに係る部分に限る。）、第3章第1節、第6章第2節及び第4節、第9章並びに第14章第2節の規定による手続（同法第3章第1節及び第6章第2節の規定による手続にあっては前項に規定する実行手続の申立人の有する企業価値担保権の設定を否認するためのものに限り、同法第14章第2節の規定による手続にあっては同法第251条第1項に規定する破産法第28条第1項の規定による保全処分に関する手続を除く。）は、前項の場合であっても、することができる。

第4目 更生手続の特則

（更生手続における劣後担保権の取扱い）

第214条 実行手続における最後配当、簡易配当又は同意配当が終了するまでの間に、債務者につき更生手続開始の決定があったときは、当該実行手続において第160条第1項又は第3項の規定により消滅した劣後担保権は、当該更生手続との関係においては、消滅しなかったものとみなす。

（更生手続の管財人の管理処分権の優先）

第215条 実行手続開始の決定から当該実行手続が終了するまでの間に、債務者につき更生手続開始の決定があった場合において、第一号に掲げる権利と第二号に掲げる権利とが競合するときは、第一号に掲げる権利は、第二号に掲げる権利に優先する。

一 会社更生法（略）第72条第1項の規定により管財人に専属する更生会社の事業の経営並びに財産の管理及び処分をする権利

二 第113条第1項の規定により管財人に専属する債務者の事業の経営並びに担保目的財産の管理及び処分をする権利

第6節 雑則

第1款 登記（第216条〜第224条） 略

第2款 担保付社債信託法の適用等（第225条） 略

第3款 担保仮登記の取扱い（第226条） 略

第4款 破産手続等における企業価値担保権等の取扱い

（破産手続における企業価値担保権の取扱い）

第227条 企業価値担保権は、破産法の適用については、抵当権とみなす。

（再生手続における企業価値担保権の取扱い）

第228条 企業価値担保権は、民事再生法の適用については、抵当権とみなす。

（更生手続における企業価値担保権等の取扱い）

第229条 企業価値担保権は、会社更生法の適用については、抵当権とみなす。この場合において、同法第2条第10項中「の被担保債権」とあるのは「の事業性融資の推進等に関する法律（令和6年法律第52号）第6条第4項に規定する特定被担保債権」と、同項ただし書中「被担保債権」とあるのは「特定被担保債権」とする。

2 債務者につき更生手続開始の決定があったときは、特定被担保債権者（特定被担保債権

〈参考資料〉

者に代位する者を含む。）は、当該更生手続の関係においては、重複担保権の効力を主張することができない。

3 　第1項の規定により読み替えて適用する会社更生法第2条第10項の規定の適用については、不特定被担保債権が、更生手続開始前の原因に基づいて生じたものであって、担保目的財産の価額が更生手続開始の時における時価であるとした場合の価額に応じ、第8条第2項第一号ハに規定する政令で定めるところにより算定した額の計算に準じて算定した額の範囲で企業価値担保権によって担保されているものとみなす。会社更生法第2条第10項に規定する担保権（第1項の規定により抵当権とみなされる企業価値担保権を除く。）であって更生手続開始当時更生会社の財産につき存する企業価値担保権に劣後するもの又は当該企業価値担保権と同一順位のものの被担保債権に関する同条第10項の規定の適用についても、同様とする。

第4章　事業性融資推進支援業務を行う者の認定等

（認定事業性融資推進支援機関）

第232条 　主務大臣は、主務省令で定めるところにより、次項に規定する業務（以下この章及び第249条において「事業性融資推進支援業務」という。）を行う者であって、基本方針に適合すると認められるものを、その申請により、事業性融資推進支援業務を行う者として認定することができる。

2 　前項の認定を受けた者（以下この章及び第249条において「認定事業性融資推進支援機関」という。）は、次に掲げる業務を行うものとする。

一 　中小企業者（中小企業基本法（略）第2条第1項各号に掲げるもののうち、会社であるものをいう。）であって、認定事業性融資推進支援機関と第237条に規定する契約を締結した者（以下この章において「支援対象事業者」という。）から提供を受けた経営資源（設備、技術、個人の有する知識及び技能その他の事業活動に活用される資源をいう。）の内容、財務内容その他経営の状況の分析を行い、支援対象事業者及び支援対象金融機関等（当該支援対象事業者に対して事業性融資を行い、又は行おうとする金融機関等であって、認定事業性融資推進支援機関と同条に規定する契約を締結した者をいう。以下この項及び同条において同じ。）に対し、経営の向上の程度を示す指標及び当該指標を踏まえた目標の策定に必要な指導又は助言を行うこと。

二 　支援対象事業者の事業の実施に関し、支援対象事業者及び支援対象金融機関等に対し、前号の指標及び目標をその内容に含む事業性融資を受けるための事業計画（次号において「支援対象事業計画」という。）の策定に必要な指導又は助言を行うこと。

三 　支援対象事業計画に従って行われる事業の実施に関し、支援対象事業者に対し、定期的に報告を求めるとともに、必要に応じ、支援対象事業者又は支援対象金融機関等に対し、次に掲げる事項につき、指導又は助言を行うこと。

イ 　第一号の目標の達成状況の分析に基づく対応策

ロ 　第一号の指標若しくは目標又は支援対象事業計画の変更

ハ 　イ及びロに掲げるもののほか、支援対象事業者の事業の実施に必要な事項

四 　事業性融資の推進及び企業価値担保権の利用に関する啓発活動を行うこと。

五 　前各号に掲げる業務に関連して必要な情報の収集、調査及び研究を行い、並びにその成果を普及すること。

３・４　略

（支援対象事業者及び支援対象金融機関等との契約締結義務）

第237条　認定事業性融資推進支援機関は、第232条第２項第一号から第三号までに掲げる業務を行うに当たっては、支援対象事業者及び支援対象金融機関等との間で、これらの業務を行うことを内容とする契約を締結しなければならない。

（支援対象事業者に対する企業価値担保権信託契約の説明義務等）

第238条　認定事業性融資推進支援機関は、前条に規定する契約の締結後、速やかに、支援対象事業者（認定事業性融資推進支援機関に対し、主務省令で定めるところにより、次に掲げる事項の説明を過去に受けたことを証する情報を提供した者を除く。）に対し、次に掲げる事項の説明を行うとともに、企業価値担保権の利用に関する情報を提供し、かつ、主務省令で定めるところにより、当該説明を行ったことを証する情報を提供しなければならない。

一　企業価値担保権の設定、効力及び実行に関する事項

二　企業価値担保権信託契約において定めるべき事項（第８条第２項各号に掲げる事項をいう。）

（管財人への通知）

第239条　認定事業性融資推進支援機関は、支援対象事業者である第６条第１項に規定する債務者について企業価値担保権の実行手続開始の決定があったことを知った場合には、速やかに、当該実行手続における管財人に対し、当該債務者が認定事業性融資推進支援機関の支援対象事業者である旨を通知しなければならない。

第５章　事業性融資推進本部（第242条〜第248条）　略

第６章　雑則

（権限の委任）

第251条　内閣総理大臣は、この法律による権限（政令で定めるものを除く。）を金融庁長官に委任する。

２　金融庁長官は、政令で定めるところにより、前項の規定により委任された権限の一部を財務局長又は財務支局長に委任することができる。

第７章　罰則（第253条〜第269条）　略

附　則

（施行期日）

第１条　この法律は、公布の日から起算して２年６月を超えない範囲内において政令で定める日から施行する。ただし、次の各号に掲げる規定は、当該各号に定める日から施行する。

（以下略）

MEMO

●著者プロフィール

冨川 諒（とみかわ・りょう）

2015年12月弁護士登録、2019年8月より金融庁監督局銀行第二課地域金融企画室において「事業者を支える融資・再生実務のあり方に関する研究会」の設置及び制度設計の検討等に従事、2021年4月より金融庁監督局銀行第二課において銀行法改正（2021年11月施行）に関する対応や銀行法に係る認可審査等に従事、2022年4月より現職（2023年8月より金融庁専門研究員を兼職）となり、金融規制やコンプライアンスを中心に活動。

Q&A 事業性融資推進法と融資実務のポイント─企業価値担保権

2024年10月5日　初版第1刷発行

著　者　　冨 川　諒

発行者　　延 對 寺　哲

発行所　株式会社 **ビジネス教育出版社**

〒102-0074　東京都千代田区九段南4-7-13
TEL 03(3221)5361(代表)／FAX 03(3222)7878
E-mail▶info@bks.co.jp URL▶https://www.bks.co.jp

印刷・製本／シナノ印刷㈱　装丁・本文デザイン・DTP／タナカデザイン
落丁・乱丁はお取り替えします。

ISBN978-4-8283-1098-5　C2034

本書のコピー、スキャン、デジタル化等の無断複写は、著作権法上での例外を除き禁じられています。購入者以外の第三者による本書のいかなる電子複製も一切認められておりません。